大展好書　好書大展
品嘗好書　冠群可期

大展好書　好書大展

品嘗好書　冠群可期

陳式太極拳 1

陳鑫
太極拳法圖解

附DVD

■陳東山　陳向武　著

大展出版社有限公司

國家體育局武術研究院康戈武教授（中）
陳氏太極拳十一傳人陳東山先生（右）
陳氏太極拳十二代傳人陳向武先生（左）

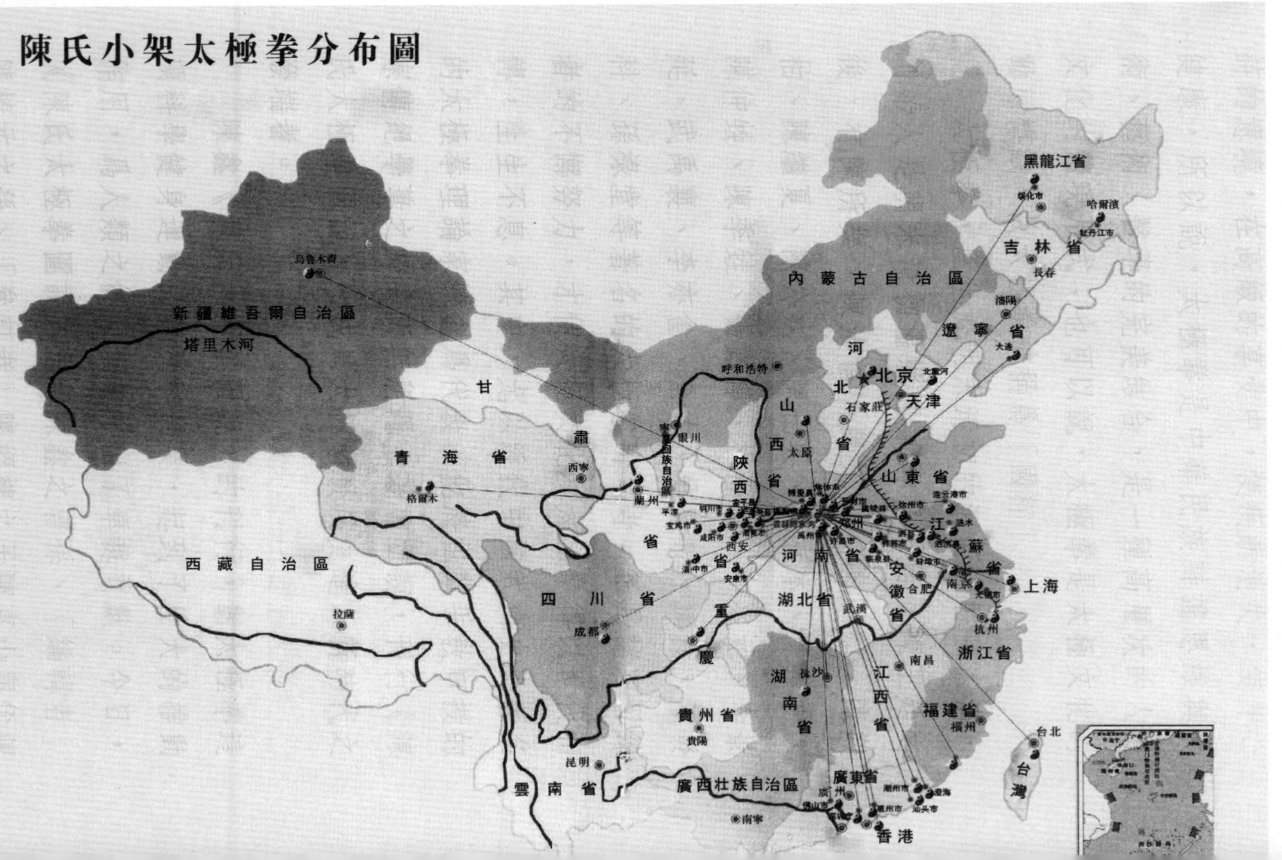
陳氏小架太極拳分布圖
黑龍江省
吉林省
長春
哈爾濱
內蒙古自治區
遼寧省
瀋陽
大連
新疆維吾爾自治區
塔里木河
烏魯木齊
河北省
北京
天津
石家莊
呼和浩特
甘肅
山西省
太原
山東省
青海省
西寧
格爾木
銀川
蘭州
陝西省
西安
河南省
江蘇省
上海
安徽省
合肥
西藏自治區
拉薩
四川省
成都
湖北省
武漢
重慶
浙江省
杭州
南昌
湖南省
長沙
江西省
福建省
福州
台北
台灣
貴州省
貴陽
昆明
雲南省
廣西壯族自治區
南寧
廣東省
廣州
香港

陳家溝太極拳祖祠外景

陳家溝太極拳祖祠內景

陳家溝太極拳歷代宗師名人陵園

左後為《陳氏太極拳圖說》編輯者陳椿元功德碑

前碑為《陳氏太極拳圖說》參訂者陳紹棟功德碑

太極聖地陳家溝

中國武協授予陳家溝為「太極拳發源地」

咸豐九年御賜陳仲甡、陳季甡「武節將軍」牌匾

陝西省書法家馮程先生題詞

河南溫縣書法家吳耀先生題詞

毛澤東秘書高智先生題詞

陝西省書法家李坉先生題詞

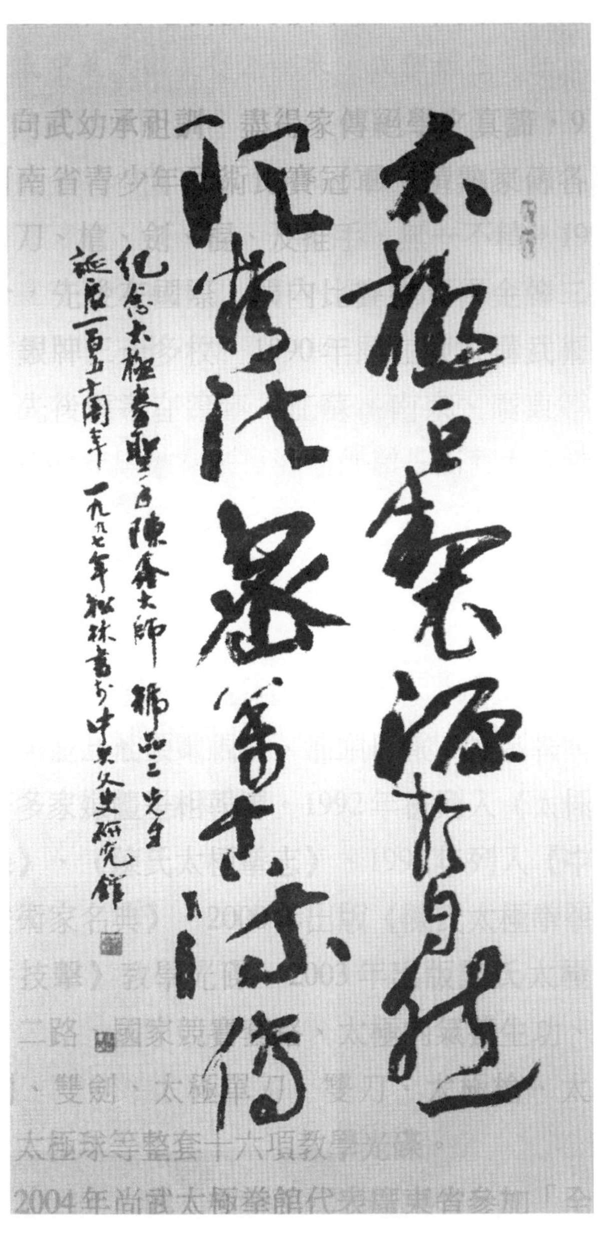

中央文使館劉松林先生為陳鑫題詞

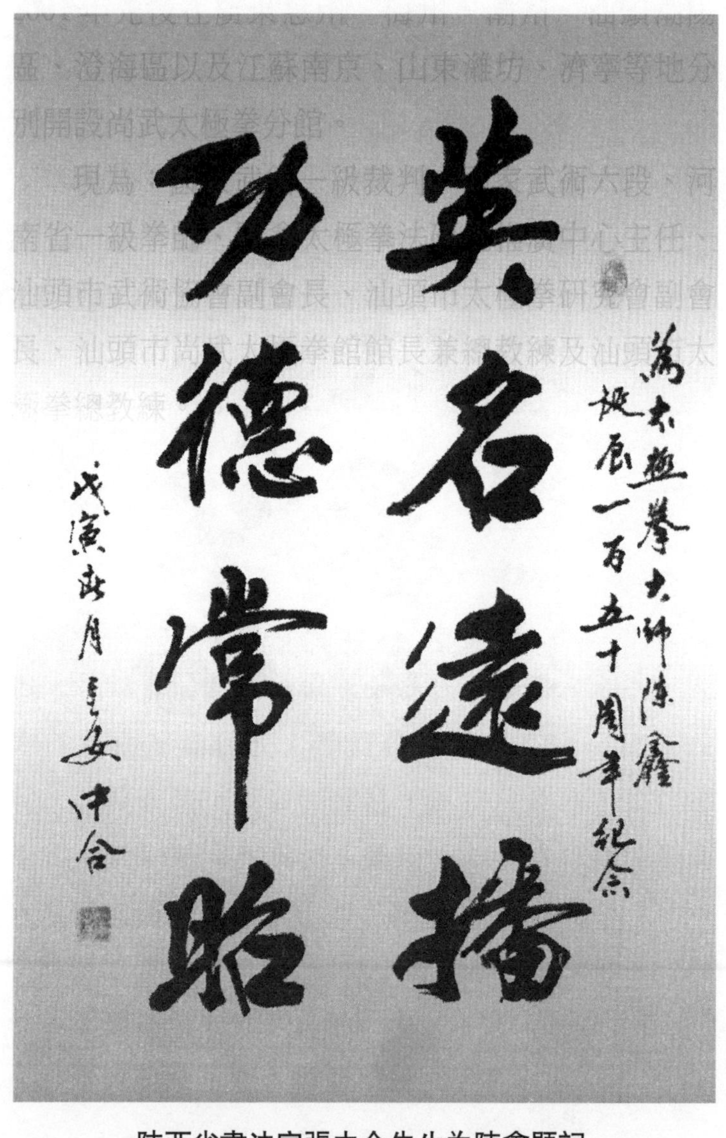

陝西省書法家張中合先生為陳鑫題詞

國際書法聯合會會長薛瑛為尚武太極拳館館長陳向武題詞

原陝西省人大副主任潘連生、陝西省常務副省長張斌及西安市、焦作市、溫縣、陳家溝有關領導同志出席會議並與來自全國各地的部分名師拳友合影

60周年大会合影留念

尚武太極拳館、廣東汕頭、潮陽、澄海、潮州、梅州、山東濰坊、濟寧、江蘇南京等部分分館太極拳小架學員參加祭祀及太極拳文化交流活動合影留念

及太極拳文化交流會

國際書法聯合會會長薛瑛為尚武太極拳館館長陳向武題詞

著名書法家吳順南為尚武太極拳館館長陳向武題詞

陳向武（1992–2010）為潮州、汕頭地區培訓學員三萬餘人

陝西省政府機關部分學員與陳東山老師合影

陳東山在西安義務傳授拳法

軍科院靡副院長為陳東山老師題詞

中國農業大學部分學員與陳東山老師合影

陳東山指導侄兒陳向武推手

陳東山老師在國防大學義務傳授太極拳

陳向武父子及尚武太極拳館部分獎牌、獎杯及證書

尚武太極拳館培養的部分裁判員和汕頭市武術協會領導合影

陳向武與部分弟子合影

陳向武女兒陳麒與兒子陳麟自幼習練家傳拳法

尚武太極拳館部分學員載譽歸來受汕頭市體育局領導接見

尚武太極拳館部分學員在廣東省武術錦標賽上折桂

德、美、法、加拿大、澳洲、紐西蘭等十多個國家太極拳愛好者慕名來館學拳。圖為俄羅斯與南非學員練習推手。

作者簡介

陳東山，字泰峰，1945年出生於太極拳世家，陳氏十九世，太極拳第十一代傳承人。受家傳絕學之薰陶，對其拳理、拳法及發展史有獨到見解；熱心公益事業，致力於陳式太極拳的發展與傳播。1990年初對太極拳發源地陳家溝的歷史文化進行全方位的研究、搶救、挖掘和修復，先後發表正本清源論文10多篇。1998年爲陳氏歷代宗師修復墓碑、功德碑十六通，複製畫像二十餘幀。2005年對陳鑫原著《陳氏太極拳圖說》、《太極拳圖畫講義》進行斷句、點校出版發行。2008年在西安組織並舉辦陳鑫誕辰160周年大型活動，同時出版發行《陳氏太極拳小架發展與傳承》畫冊。2010年與侄兒向武共同撰寫《陳鑫太極拳法圖解》，爲太極拳愛好者研習其家傳絕學提供方便。先後在西安、北京、北戴河等地義務傳授家傳絕學，受到武林同道的極高贊賞。

現任陝西省武協委員、焦作市太極拳研究會理事、溫縣太極拳研究發展中心顧問、陳鑫太極拳法研究推廣中心顧問、尚武太極拳館名譽館長、西安陳氏太極拳輔導站名譽站長。

體太極之陰陽
運纏繞之圓活
悟屈伸之開合
順自然之規律

養浩然之正氣
化虛實之剛柔
得哲理之妙用
具萬物之和諧

前言

太極拳源於明末清初，爲河南溫縣陳家溝陳王廷在祖傳拳術的基礎上，根據太極陰陽、五行八卦變化之理，及日月星辰天地旋轉運行的規律所創編。以陰陽變化之理打太極拳，旨在指導人體一開一合、一屈一伸。動則生陽爲開、靜則生陰爲合；屈者爲陰，伸者爲陽。利用螺旋纏繞規律，產生力和化解力；充分利用圓的作用，調節人體陰陽平衡，陰陽互用，屈伸開合，使人體靈敏無比。故稱其爲「太極拳」。

太極拳在陳氏族內經六代傳承至陳有本時，陳有本將祖傳原有套路歸納爲一路（以柔爲主）和二路（以剛爲主，亦稱炮捶），時人稱其爲「略」，即傳統意義上的「小架」，這是太極拳發展史上的一個重要里程碑。之後，太極拳在傳承過程中，先後演變、派生出楊式、吳式、武式、孫式及和式等主要流派。

《太極拳圖畫講義》爲陳有本之孫陳鑫所著。陳鑫集數代先輩經驗理論之大成，並結合自身實踐與體會，將家傳絕學六十四勢傳統拳法之精髓，筆之於書而無所隱。此書以易理說拳理，深入淺出、通俗易懂，被譽爲「拳壇理論之豐碑，武林修學之經典」，久享盛譽，深受世人所厚愛，對中國太極拳的發展與普及起到了巨大的推動作用，這是太極拳發展史上又一個里程碑。

隨著太極拳的普及與推廣，渴望學習陳鑫太極拳傳統套路的愛好者越來越多。爲了滿足廣大學者的需求，由陳鑫直系後裔十九世陳東山和二十世陳向武，以陳鑫原著《太極拳圖畫講義》爲藍本，共同編撰《陳鑫太極拳法圖解》，該《圖解》在原傳統六十四勢的基礎上，增加過渡圖像，在文字表述上盡可能採用通俗易懂的語言，將基本理論與習練的方法，以及基本動作與用法，以訣示要，詳細分解，同時採用電子光碟分段、逐勢反覆演練，不厭求詳，充分保持家傳拳法之內涵。

此套路開合虛實依據陰陽變化之理，進退屈伸遵循自然和螺旋纏繞之規律，做到中正無偏、周身相隨、意到氣到、神形兼備、外柔內剛、含而不露，盡顯大雅之風規，是一套集健身與防身爲一體的傳統拳法。此書的出版發行望有助於太極拳的普及和推廣，爲廣大民衆的身心健康做出更大的貢獻。

此書在編輯過程中得到了國家體育局武術研究

院康戈武教授、焦作市太極拳研究會趙功佩會長、閆文勝會長，溫縣李英傑縣長，溫縣文聯嚴雙軍主席，開封市武術協會李德祥會長，汕頭市武術協會鐘楚平會長，汕頭市電視臺劉群先生，汕頭市琪雅公司張仕伍董事長，汕頭市中心醫院陳鴻達醫師及蔡松濤、林輝、李育州、劉敬偉、陳康俊、職寶貴、王策、王合先生、張麗璇、林尤娟、鐘華瑩、陳可女士等諸多好友大力支持和幫助，在此一併表示衷心的感謝。由於水平有限，書中不足之處，敬請讀者諒解。

序一

民族精神凝國脈

太極，是中國民族文化詮釋宇宙從無極而太極，以至萬物化生體系和秩序中的一種狀態、一種境界。無極即道，是比太極更加原始更加終極的狀態。太極始於無極，分兩儀。《易經》言：「易有太極，是生兩儀」，兩儀即爲太極的陰、陽；又言「兩儀生四象，四象生八卦」，其意指浩瀚宇宙間的一切事物和現象都包含著陰和陽以及表與裏兩方面，它們之間是既互相對立又相互依存的關係，成爲宇宙萬物運行變化的一般規律，是世間萬物的綱領和由來，也是事物發生與毀滅的根由所在。

太極文化博大精深，源遠流長，是中華傳統文化的根脈。太極拳是一種以太極文化爲內涵的武術項目，也是體育運動和健身項目。太極拳的運動特點主要體現爲中正安舒、輕靈圓活、鬆柔慢勻、開合有序、剛柔並濟，動如「行雲流水，連綿不斷」。這種運動既自然又高雅，習練者可以從中親身體會到音樂的韻律、哲學的內涵、造型的美感、詩的意境，在高級的享受中，使疾病消失，使身心健康，所以說，太極拳是中華民族辯證思維與武術、藝術、醫學的完美結合，是一種高層次的人體文化的體現形式；也可以說，太極拳是太極文化的動態標識，故太極拳被稱爲「國粹」。

太極拳，產生於明末清初的河南溫縣陳家溝，創始人是明末清初溫縣陳家溝陳王廷。陳王廷之後，有陳所樂、陳汝信、陳恂如、陳正如、陳敬柏、陳繼夏、陳公兆、陳長興、陳有本、陳清平、陳仲甡、陳季甡、楊露禪、楊澄甫、和兆元、李景延、武禹襄、李亦畬、全佑、吳鑒泉、陳鑫、陳發科、孫祿堂等著名的太極拳研習者。正是諸多習練者的不懈努力，才使太極文化和太極拳得以世代相傳，生生不息。其中，尤以近代中國武術史上著名的太極拳理論家陳鑫爲代表。他將祖輩手敎口授的家傳絕學筆之於書而無所隱，著書立說，刊行《陳氏太極拳圖說》，成爲太極拳發展史進入新時代之發端者。

陳鑫《陳氏太極拳圖說》的刊行，對太極拳這項科學健身運動的普及和發展，起到了巨大的推動作用，爲人類之健康事業作出了卓越貢獻。今日，《陳氏太極拳圖說》作者陳鑫之曾孫、「編輯者」陳椿元之孫、「參訂者」陳紹棟之子陳東山與侄陳向武，合著《陳鑫太極拳法圖解》一書，再次詮釋武學經典，以圖說理，以圖教人，可謂別出心裁，獨具匠心。

陳東山自幼隨父學家傳拳理拳法，對家傳《陳氏太極拳圖說》及《太極拳圖畫講義》的精要和太極拳發展史均有獨到的見解，並熱心太極拳公益事業，傾心致力於家傳太極拳的研究、普及與傳播。其侄陳向武雖爲晚生後輩，但刻苦好學，勤奮敬業，11歲即獲全國青少年武術比賽傳統拳冠軍，後於廣東汕頭創辦尚武太極拳培訓基地，建汕頭市尚武太極拳館，且追尋先祖，著書立說，弘揚太極，難能可貴。余身爲焦作市太極拳研究會一會之長，對陳東山、陳向武叔侄的行爲，深表敬謝並祝賀。望《陳鑫太極拳法圖解》一書之出版能爲太極拳習練者帶來新的氣象。此正可謂炎黃子孫養太和，民族精神凝國脈。

焦作市太極拳研究會

會長　趙功佩

庚寅年冬於焦作

序　二

順其自然　復吾本然

太極拳，顧名思義，是以太極之理爲指導的拳法，以陳鑫在其自序中的說法：「理根太極，故名曰太極拳」。何謂太極之理，即宇宙法則，自然規律。按易學的觀點，一陰一陽爲宇宙的兩大要素，一陰一陽的變化是宇宙萬物一切變化現象的基本規律。這種規律體現在陽則剛，動生陽；陰則柔，靜生陰。而陰與陽、剛與柔、動與靜之間的變化，永不停息，無窮無盡，並且存在著你中有我，我中有你，物極必反，相輔相成的對立統一的辯論關係。

這種「一陰一陽之道」就是太極之理、宇宙法則、自然規律。依據「三才圖」及陳鑫「人一小天地，而天、地、人統同一太極也」之說，這「一陰一陽之道」既是天道、地道、也是人道，是人的運動法則，是人生的自然規律。陳鑫說：「學太極拳，學陰陽開合而已。吾身中自有本然之陰陽開合，非教者所能增損也。復其本然教者即止。」原來，太極拳法所依據的又是人體本身所固有的運動變化的自然規律。我們學太極拳，就是要順其自然，復吾本然。

太極拳是科學的，太極拳的一招一勢都蘊含著創始者絕頂的智慧。「打拳之道，不外一圈」。打拳畫圈的纏絲精是太極拳的精髓。纏絲精從何而來？是陳鑫從方形的河圖和圓形的太極圖悟出來的。方剛而圓柔，方由圓生，圓因方成。這種方圓相通的要理，讓陳鑫悟出了以圓爲主，方圓結合，內圓而外方，上圓而下方，神圓而形方的纏絲精。

我們想一想，地球自轉、公轉的運動軌跡不就是圓的嗎！許多建築結構不就是採用上拱（圓）下方的圖形嗎！一個充滿著氣的球體，當外力作用時，不即會同時產生化解力和反彈力嗎！把圓的這種妙處活用到拳法，何等聰明！「純陰無陽是軟手，純陽無陰是硬手，一陰九陽根頭棍，二陰八陽是散手，三陰七陽猶覺硬，四陰六陽顯好手，惟有五陰並五陽，陰陽無偏稱妙手。」太極拳堪稱防守反擊的防身妙法。

學太極拳不但能防身，又能健體，亦可修心養性，使人體身心健康。「天地之道，陰陽而已，人身亦然。故人身之陰陽，往往不得其平，則血滯而疾病生。」陰陽失調易生病，是中醫的道理。太極拳運動恰恰可以透過陰陽開合來調節人體的陰陽，使之和諧平衡，從而得到健康的效果。「心爲一身之主」。太極拳練習的規矩要求「初上場時先洗心滌慮，去其妄念，平心靜氣，以待其動」。及至習拳時，要使清氣上升，濁氣下降，又需意念集中，專心致志，同時還要求打拳要打出情趣，打出景致，打出神氣。只要有恒心、耐心，修心養性、陶冶性情的功效可成。

太極拳第十二代傳人陳向武，自幼習武，盡得家傳。拳法器械各種套路精通，其中最上乘的小架功夫尤爲精湛。1992年到汕頭設館授藝，學生衆多，成績斐然。今與其叔父陳東山（太極拳第十一代傳人）以陳鑫原著《太極拳圖畫講義》爲藍本，共同編撰《陳鑫太極拳法圖解》一書，結合光碟，直觀、通俗地講解演示了六十四勢家傳拳法套路。此書的問世，將把太極拳的普及與發展推向一個新的臺階。

本人爲太極拳的愛好者，又是太極拳推廣的熱心者。東山和向武大師囑爲書作序，余本自量才疏學淺，怕難負重任，然既爲熱心者，故不好推託。畢竟水平有限，對太極拳的認識和體會亦屬粗淺，不當之處望予批評指正。

蔡松濤

庚寅年冬於汕頭

陳向武與太極拳

陳向武

陳向武，字潤英，陳氏二十世。1970年出生於太極拳世家，其十三世祖陳公兆學術純正，精於拳法，乾隆六十年以其養生歌訣與力鬥瘋牛而聞名天下。十四世祖陳有恆、陳有本精太極拳尤得驪珠，時人對其兄弟二人以瑜、亮相稱。十五世祖陳仲甡，陳季甡文韜武略，智勇絕倫，皆因戰功聞名於世，咸豐九年「御賜武節將軍」。十六世祖陳鑫集其先祖經驗理論之大成，將其一生對易學的研究成果與家傳太極拳理法相結合，著書立說而無所隱，以易理說拳理，從而完善了指導太極拳運動的宏觀理論，系統地確立了中國太極拳的理論體系，其理論著作被譽為「拳壇理論之豐碑，武林修學之經典。」十七世祖陳椿元，學識淵博，文武兼備，技藝超群，各種套路與器械、推手與點穴法無一不精。十八世祖陳紹棟受家傳絕學之薰陶，博才多學，得其家傳文武之精妙，1929年即參與陳鑫著《陳氏太極拳圖說》的修訂。父陳東海深得家傳拳理，拳法之妙用，功夫純正，技藝精湛，門徒遍及全國各地。叔父陳東山熱心太極拳公益事業，致力於家傳小架的普及與傳播，退休之

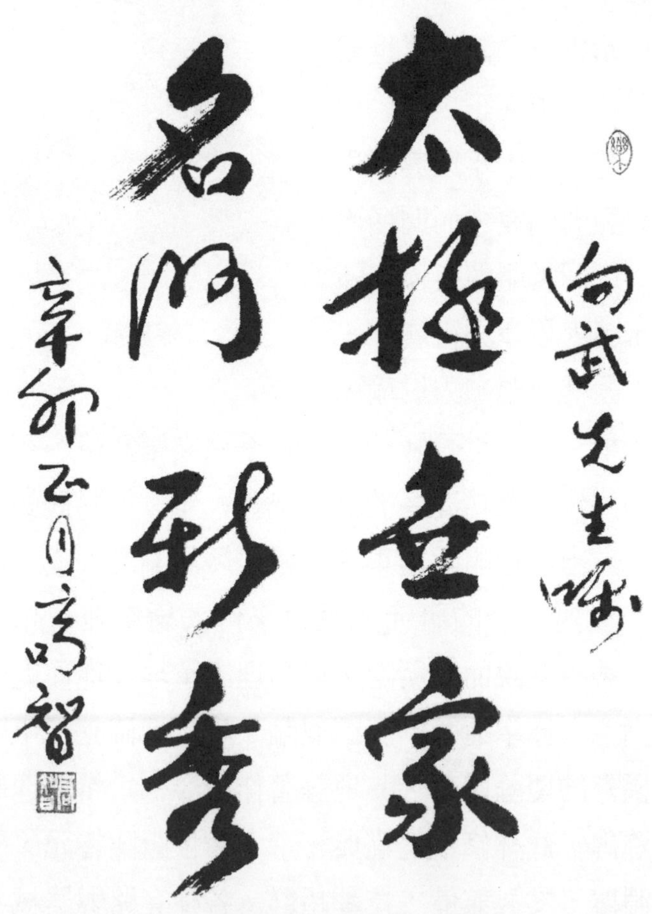

毛澤東秘書高智先生題詞

後，在全國各地義務傳授拳法，學員遍及全國各地。

向武幼承祖訓，盡得家傳絕學之真諦，9歲即獲河南省青少年武術比賽冠軍。精熟家傳各種套路，刀、槍、劍、棍、及推手，無一不精。1990年至今，先後在國際、國內比賽中奪得金牌二十餘枚，銀牌三十多枚。1990年即在陳家溝武術館任教，先後應邀在遼寧、江蘇、南京、廣東等地授拳。1992年應邀在廣東汕頭創辦「尚武太極拳培訓基地」、「尚武太極拳館」，所授學員三萬餘人。其學生遍佈德、美、法、加拿大、澳洲、紐西蘭等十多個國家，奪得各項金牌400餘枚、銀牌300餘枚。在武術界享譽甚隆，被奉為「陳氏太極拳宗師」，並為汕頭電視臺、汕頭日報、特區報、都市報等多家媒體爭相報導。1992年被列入《太極拳名師錄》、《陳氏太極拳志》、1999年列入《中國民間武術家名典》。2000年出版《陳氏太極拳拳械、推手技擊》教學光碟。2003年出版陳氏太極拳一路、二路、國家競賽套路、太極內氣養生功、太極單劍、雙劍、太極單刀、雙刀、太極槍、太極推手、太極球等整套十六項教學光碟。

2004年尚武太極拳館代表廣東省參加「全國武術錦標賽」奪得「傳統太極拳項目」單項冠軍、集體項目第四名和第六名。2001年至今名和第六名。2001年先後在廣東惠州、梅州、潮州、汕頭潮陽區、澄海區以及江蘇南京、山東濰坊、濟寧等地分別開設尚武太極拳分館。

現為：國家武術一級裁判、國家武術六段、河南省一級拳師、陳鑫太極拳法研究推廣中心主任、汕頭市武術協會副會長、汕頭市太極拳研究會副會長、汕頭市尚武太極拳館館長兼總教練及汕頭市太極拳總教練。

目 錄

陳氏太極拳的健身功效

太極拳是中華民族傳統文化的一支奇葩，由於其在健身防身、修身養性、養生療疾等方面所具有的功效，以及其博大精深的文化內涵和極強的包容性，多年來深受我國乃至全世界人民的喜愛。

鑒於在太極拳練習者中出現了大量活生生的治癒疾病的案例，近年來吸引了越來越多的學者癡迷其中，探究太極拳之所以養生療疾、延年益壽的奧妙所在。

本文就結合案例研究，從中醫學及現代醫學角度出發，介紹陳氏太極拳法在保健方面的作用，並詳細分析該拳術是怎樣在同一時間內綜合完成神經、內分泌、呼吸、心血管、消化、經絡、肌肉、骨關節等方面的鍛煉，從而達到最佳的運動鍛鍊效果。

一、調節神經內分泌系統功能

採用陰陽變化之理和螺旋纏繞運行之法，調養人體陰陽平衡，是陳氏太極拳固有的基本特點。中醫認為：人的陽氣充沛，則精神得以內養。《素問・生氣通天論篇第三》「陽氣者，精則養神，柔則養筋」。針灸學認為，腕部的神門、內關穴有養心安神作用。

太極拳運動中，手腕部不斷地畫圓活動，可持續刺激上述穴位，直接起到調整神經系統作用，故太極拳最能鍛鍊神經系統。練習陳氏太極拳時，「用意不用力」，意之所向，全神貫注。所有動作都以意念作引導，使神經系統的興奮和抑制過程都能很好地協調。

現代醫學認為，手和足屬於神經分佈末梢區，較為敏感。透過神經的傳導，對內臟能起到反射調節作用。再由意守丹田、會陰提放等要領的導引，逆腹式呼吸的配合和動作的相助，使支配內臟的中樞神經系統產生興奮，直接起到了刺激影響內臟器官的作用。

從現代醫學角度看，丹田和一些重要的練功部位，恰好是重要神經中樞和內分泌腺體所在地，如大腦、胸腺、腹腔神經叢、腎上腺、性腺、脊髓等，練太極拳可直接刺激這些人體的重要部位，並產生強烈的傳導感，使興奮神經趨向穩定狀態，使受抑制的神經被激活，從而使人體的神經得到調整、修復和平衡，促進神經、內分泌等功能作用的發揮。所以，經常演練太極拳，對防止神經性內分泌系統疾病，如神經衰弱、神經炎、更年期綜合徵、中風後遺症、糖尿病、陽痿、痔瘡等，十分有效。

陳金鰲的弟子崔玉潔，男。

1964年患上心臟病和極度神經衰弱等病症，37歲時已無法堅持正常工作，於1965年退養後隨其師練習陳氏太極拳小架，半年後身體逐漸好轉，一年後疾病消失，數十年堅持練拳不懈，現雖已83歲，身體非常健壯，至今仍活躍在太極拳壇。

陳東山弟子張青，男。

2004年42歲時患糖尿病，靠藥物調控，2005年拜其師學陳氏太極拳小架，三個月病情好轉，半年後體重增加，疾病消失，身體恢復正常，至今練拳堅持不懈。

二、增強呼吸系統功能

中醫認為，「腰者，腎之府」，腎主納氣，肺主呼氣，肺為氣之主，腎為氣之根。腎氣不足，金水不能相生，腎不納氣，肺失所養，肺氣上逆，則咳而兼喘。

練習陳氏太極拳時，要求意領神隨，一氣貫通，力由脊發，拳由心出，結合丹田鼓蕩，會陰提放，可強壯腎氣，使肺氣得養，可防治咳嗽、哮喘、痰症，包括現代醫學所講的氣管炎、支氣管哮喘、肺炎、肺氣腫等。

陳氏太極拳採用逆腹式呼吸，以意運氣，以氣催形，其呼吸講究細、勻、深、長，連綿不斷。動作開展時為呼，斂合時為吸。吸氣時，膈肌上升，腹壓減弱，胸壓增強，加大了肺活量；呼氣時，膈肌下降，腹壓增強，胸內壓減弱，隨著呼吸和動作的變化，達到「胸空腹實」的狀態，能增大胸腔活動度，增加肺活量，使呼吸肌發達，增強肺的彈性，開發肺功能潛力。所以，練太極拳可強健肺腎，增強呼吸系統功能。

陳克弟的弟子石磊先生，因在朝鮮戰場受生化武器影響，先後患染阿米巴痢疾、肺結核、肝硬化等疾病，醫生估計他多者5年、少則3載生命即將終止。在此情況下，他拜師練習陳氏太極拳小架，半年後生命不但沒有終止，而且身體逐漸好轉，堅持數年疾病消失。

練拳50多年來從不間斷，現雖已86歲仍活躍在太極拳壇，其弟子遍及全國各地，為普及弘揚太極拳文化作出了積極貢獻。

三、改善循環系統功能

陳氏太極拳注重督任二脈及帶脈。督脈為陽脈之海，上貫於腦，下貫於心，統籌全身諸陽脈。任脈為陰脈之海，涵養全身之陰脈。帶脈連接約束加強其他經脈，督任二脈通則十二經脈隨之而通暢。內氣沿督、任二脈的經絡路線在人體內做周流運動，為小周天。內氣沿全身經絡路線在人體內做周流運動，為大周天。

陳氏太極拳宗師陳鑫在《任脈督脈論》中明確指出：「練之一刻，則一刻周天；練之一時，則一時周天；練之一日，則一日周天；練之一年，則一年周天」；練之終身，則終身周天。

故陳氏太極拳的練習，「心一念動，陽氣即一周身；一念靜，陰氣即一周身。」每時每刻都在疏通十二經脈，調節平衡人體陰陽，所以，打太極拳有疏通經絡、促進全身氣血循環、協調平衡陰陽互補的作用。

中醫經絡學說一直很重視人體的四肢末梢，認為手足的末梢是十二經絡的終點和起點的連接處。在打太極拳時，肩、肘、手、髖、膝、足等部位都在運動，能起到協調陰陽平衡、促進全身氣血循環的作用。經脈象儀測試表明，練習太極拳具有改善微循環的作用，使外周血管擴張，毛細血管血流量比平時增加了15～16倍。

由於外周血管的擴張和毛細血管血流量的增加，習練者感到手足、丹田、命門等意守部位有發熱、發脹、氣行、氣動等現象。毛細血管隨血流量的增加，攜帶氧、激素等營養物質的能力也相應地增長，同時清除了附著在外周血管的毛細管壁上沉積的有害物質。

由於人體體表微循環通暢，故習練者皮膚紅潤，容光煥發，抗病能力增強，故打太極拳不易患感冒、扁桃體炎、風濕性疾病等，且有美容的作用。打太極拳的同時引起細胞產生溫熱反應，活化細胞，使血管擴張、血管容積增大，血管通透性得到改善，促進血液循環，同時能增強血管彈性，加快血液中有害物質的代謝，故可防治冠心病、動脈硬化、高血壓等。

中醫界泰斗鄧鐵濤教授在《冠心病的中醫辨證論治》一文中指出：「……適當的體力活動，則對冠心病有利，若從體育鍛鍊角度來看，我認為太極拳為最好，這屬內功，這種運動最能促進內臟氣血的流暢，而不會突然增加心臟的負擔。」

陳向武弟子李長青，男，56歲，患高血壓、心臟病；劉群，男，40歲，患高血壓。先後分別於2002—2006年拜其師學陳氏太極拳小架，之後血壓自然下降，至今血壓長期保持穩定狀態。

四、促進消化系統功能

太極拳講究空胸實腹，氣沉丹田，使胸腹式呼吸增強。《靈樞・本輸》篇：「六腑皆出於足三陽」，指出六腑（包括胃腸、膽、膀胱等）居於腹部，與足三陽關係密切。太極拳宗師陳鑫說：「其根在腳，發於腿，主宰於腰。」由下肢腿足的屈伸運動，刺激足三陽經，從而達到調整腹內胃腸、膽、膀胱等臟器的功能。

另外，腰胯旋轉彈抖多，能活躍腹腔血液循環，促進胃腸蠕動。腹部肌肉隨著中氣出入丹田，有張有弛，可使支配內臟器官的神經產生興奮，改善腹肌的收縮與舒張，促進胃腸、膽、膀胱隨之產生自我按摩式運動，加速胃腸蠕動，促進胃腸消化液的分泌，增強消化吸收和排泄功能。因此，練太極拳可以防治消化不良、胃炎、便秘、小便不利等疾病。

中醫認為，腎陽不足，脾運失健，痰濕內生，易得高血脂症、肥胖症，太極拳可以健脾補腎，故可防治高血脂症、肥胖症等。

陝西省政府辦公廳張春明，男，46歲。未學太極拳之前長期體弱多病，感冒、胃病、消化不良、神經衰弱等疾病多發。於2006年隨陳東山學太極拳，三個月後精神煥發，各種病症消失。

陝西省人大辦公廳楊斌，男。42歲未學太極拳之前，肥胖多汗，身體虛弱，體重186斤，腰圍3.1尺。於2002年隨陳東山學陳氏太極拳，半年後體重下降24斤，腰圍降至2.8尺，體能恢復正常。由於堅持練拳不懈，體重保持穩定，從未反彈。

五、促進運動系統功能

陳氏太極拳小架對身體各部位要求十分嚴格。如頭頸部要「虛領頂精」，胸背部要「含胸舒背」，腰襠部要「塌腰圓襠」，上肢要「鬆肩沉肘」，下肢要「穩固生根」。經過這樣的鍛鍊，可使筋柔骨正，腰膝矯健靈活，腎氣充足，肝血旺盛，氣血通暢。

《黃帝內經・素問・脈要精微論》曰：「腰者，腎之府，轉搖不能，腎將憊矣；膝者，筋之府，屈伸不能，行將僂附，筋將憊矣。」《素問・陰陽應象大論》：「腎生骨髓」。

故練習太極拳可防治頸椎病、胸椎、腰椎骨質增生症、腰椎間盤突出症、髕膝骨關節炎、強直性脊柱炎等。

陳氏太極拳在順逆螺旋纏繞運動過程中，各個關節都得到鍛鍊，同時關節和骨骼周圍的肌肉、韌帶、椎間盤、神經、血管、經絡等同時也得到鍛鍊，長期練習會使關節運動靈活、關節韌帶彈性改善，肌肉力量得到增強。

由於肌力增強，肌肉舒縮有力，對骨骼的機械刺激加強，肌肉收縮舒張促進靜脈回流即肌泵作用增強，骨關節肌肉營養供應改善，成骨細胞活躍，骨形成增多，骨密度升高，使得骨骼更加堅固。

現代醫學認為，腰肌勞損是腰部軟組織累積性慢性損傷所致，特別是目前隨著電腦的普及和廣泛使用，腦力勞動增多，體力勞動降低，長期固定姿勢不變，使局部軟組織積勞成疾。

所以，打太極拳對防治腰肌勞損、肌肉萎縮、跟痛症、肩背痛、腰腿痛、骨質疏鬆等病有明顯的效果。同時有助於提高人體的協調性和平衡性，對提高老年人生活品質有著重要作用。

陝西省政府辦公廳孫繼輝，女。41歲患腰椎間盤突出症，未學太極拳之前病症多發，不能正常工作，也影響正常生活，於2005年隨陳東山學陳氏太極拳小架，三個月後逐漸好轉，半年後疾病消失，由於練拳堅持不懈，病症消失，身體非常健壯。

廣東省汕頭市徐欽松，男，55歲。患骨質疏鬆症、腰肌勞損、駝背嚴重，於2009年隨陳向武學陳氏太極拳小架，三個月後駝背明顯好轉，半年後療效特別顯著。

2007—2009年以來，陳東山，陳向武，陳瑞華拳師，分別在北京、廣東汕頭、浙江紹興、陝西西安等地，針對40～65歲常見、多發的消化不良、神經衰弱及中老年肥胖併發高血壓、內分泌失調併發高血脂，脂肪肝、糖尿病、頸椎病和腰肌勞損等多種難治的慢性病患者，進行跟蹤調查。

上述患者在未學太極拳之前，皆患有不同類別，不同程度的慢性病，特別是因長期坐辦公室和使用電腦而引發的頸椎病和腰肌勞損的患者，練習陳氏太極拳小架64勢傳統套路，3—6個月之後，各種病症均有不同程度的明顯好轉，有效率達96%。

綜上所述，典型病例中，崔玉潔、石磊、孫繼輝、張春明、楊斌、徐欽松、林尤娟、吳開松、李長青、劉群、陳金柱、董繼昌、張青、左甯新、周玉忠等慢性病患者長期堅持練習陳氏太極拳小架，透過有效的鍛鍊，使人體陰陽平衡，生理機能恢復正常，經絡暢通，病症消失，身康體健。

太極與太極拳簡述

太極拳作為中華民族文化之瑰寶，其健身與防身的功效均妙不可言，廣受世人喜愛。特別是在改革開放之後，隨著太極拳在全球的推廣和普及，研究和習練者遍及全球，太極拳已成為全世界共享的精神財富。

然而何為太極拳？其中「太極」寓指何意？「拳」由何來？其精髓何在？筆者在深得家傳的基礎上，經過多年研習，對此略有領悟，並樂於在此分享。

一、何為「太極」

「太極」一詞為孔子所命名，其大無外，小無內。萬物未生之始，陰陽初分之時，大莫大於陽，大莫大於陰，合陰陽兩大之氣，即為太極。天地間有一物即有一太極，有一事即有一太極，所有事物無非本於「太極」。古人因其難以形容，於難形容之處形容之，故圖一個大圈，名曰「太極」。圓者，一生二，二生三，三生萬物，故三為方圓之祖。太極生兩儀，兩儀生四象，四象生八卦，八卦生六十四卦，生生不息。世界上所有事物都是一陰一陽變化而產生的，只有陰陽發生變化才有生命。

陳氏太極拳就是依據陰陽變化之理，採用天地旋轉運行的規律來指導人體一開一合，動則生陽為開，靜則生陰為合；一屈一伸，順其自然而然地纏繞運動，既可以產生力，亦可化解力。天為純陽，地為純陰，而人體則為陰陽之氣的結合體，故人為

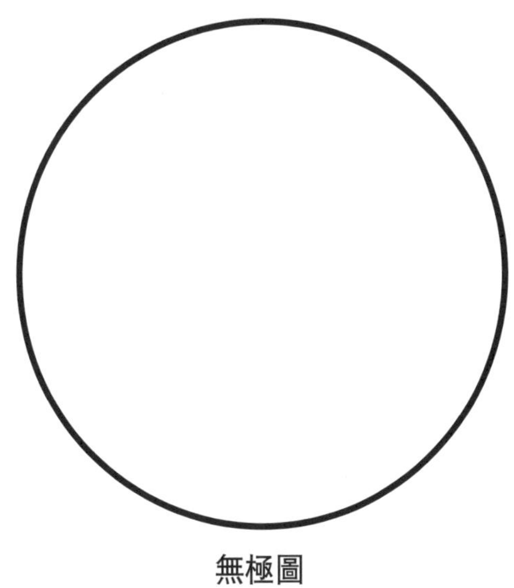

無極圖

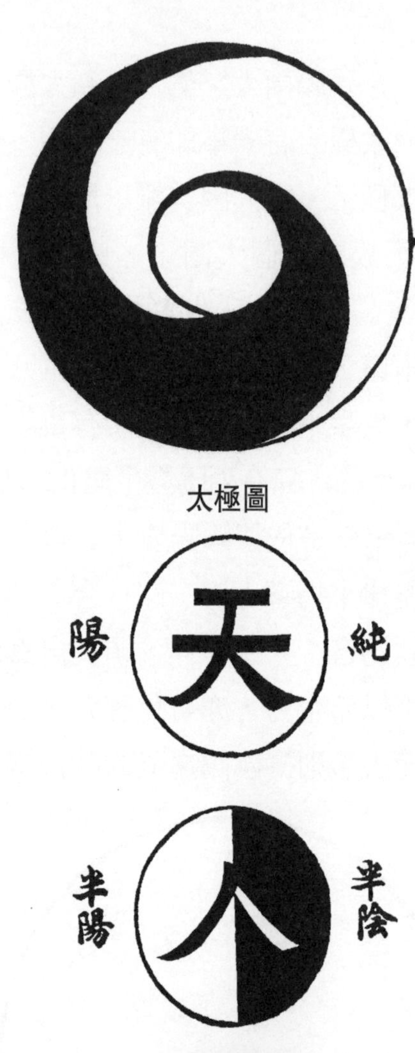

太極圖

三才圖

萬物之靈。

人體陰陽協調與否，直接影響人體的健康。由一開一合、一屈一伸的運動，充分利用圓的作用，調節人體陰陽平衡，則人體強健，即靈乎其靈。故將以太極陰陽變化之理，指導人體應萬變的拳法稱之為「太極拳」。

二、太極拳的由來與演變

太極拳源於明末清初，發源地為河南溫縣陳家溝，創始人是陳家溝的陳王廷（1600—1680，文武庠生）。陳王廷在家傳108勢長拳的基礎上，依據陰陽消長之理，採用螺旋纏繞之法，博採眾長，歷經四十多年的研究創編，經過多次的否定之否定，最終創編五套拳、五套捶及雙人推手等套路（其拳譜名稱詳見《兩儀堂》、《文修堂》及徐哲東著《太極拳考信錄》等相關資料）。

之後，在其族內歷經六代傳承，至陳有本（1780—1858，文武庠生）時，有本公將祖傳的五套拳歸納為一套，即為一路（以柔為主），將五套捶歸納為一套，即為二路，（以剛為主，亦稱其為炮捶），時人將這兩路拳法簡稱為「略」。經其子陳仲甡（1809－1871）、陳季甡（1809－1865）

（皆為清「武節將軍」）、其族侄陳清平（1795－1868）、其孫陳鑫（1849－1929）等歷代宗師再傳至今，這兩路拳法並稱為小圈拳，亦稱其為小架。

經陳耕耘再傳的一路、二路之「略」師承於族叔陳有本，其拳法精妙，拳架舒展大方，稱為「大圈拳」，亦稱其為大架。

在陳有本之前，沒有大、小架之分，更無新老之說。陳有本之「略」，是太極拳發展史上的一個重要里程碑。

太極拳源於河南溫縣陳家溝陳氏家族，故稱其為陳氏太極拳。在數百年的傳承過程中，先後演變、派生出楊式、吳式、武式、孫式及和式等主要流派。1820—1840年之間，陳長興（1771－1853）傳河北永年楊祿禪，楊再傳其子楊班侯（1837－1892）、楊健侯（1839－1917），健侯再傳其子楊澄甫（1883—1936），之後稱其為楊式。

楊班侯再傳滿族人全佑（1834－1902），全佑再傳其子吳鑒泉（1870－1942），經吳鑒泉再傳之後稱其為吳式。

1830－1868年之間，陳清平在趙堡設館授徒，先後分別傳和兆元（1810－1890）及永年人武禹襄（1812－1880）等人。經和兆元再傳其子孫之後稱其為和式，亦稱趙堡架。

武禹襄於1852年學於陳清平之後，再傳李亦畲（1832－1892），經李亦畲再傳郝為真（1849－1920）之後稱其為武式。

郝為真再傳郝月如（1877－1935）、孫祿堂（1861－1932），經孫祿堂再傳之後稱其為孫式。

上述五大流派的形成「皆係由陳家溝陳氏所傳授」，故稱陳氏太極拳為中國太極拳之母。國家競賽套路是在新中國成立後，由國家體育局吸取諸家套路的優特點，組合編排而成。

目前，雖眾多流派紛呈，拳法雖有千變萬化，風格雖各有不同，然究其源，可謂千水一脈，萬變同宗；研其理，其理同符太極陰陽變化之理。

三、何為太極拳之道

關於太極拳之道，陳鑫曾有精闢的論述，他說：「太極拳之道，開合二字盡之，一陰一陽為之拳，其妙處在陰陽互為其根。」陳鑫在其著作中又說：「太極拳纏絲法也。」「打太極拳須明纏絲精，不明此即不明拳。纏絲精為拳之筋脈，故太極拳不能離纏絲精，一離纏絲精，不唯拳勢直率，亦索然無味。凡手足一動一靜，一開一合，皆要令其轉圈，轉圈非用纏絲精不可，向裏纏為合、為陰，向外纏為開、為陽。」故一開一合，一陰一陽之謂道。

四、學太極拳的基本要素

1.「學太極拳先學讀書，書理明白學拳自然加倍容易。」

2.「學太極拳，學陰陽開合而已。」

3.「學太極拳當細心揣摩，一著不揣摩，則此勢機致情理終於隔閡，即承上啟下處尤當留心，此處不留心則來脈不真，轉關不靈，且一著自成一著，不能自始至終貫成一氣。」「人之一身以心為主，心在胸中如何運轉，則周身亦隨之運轉，故外

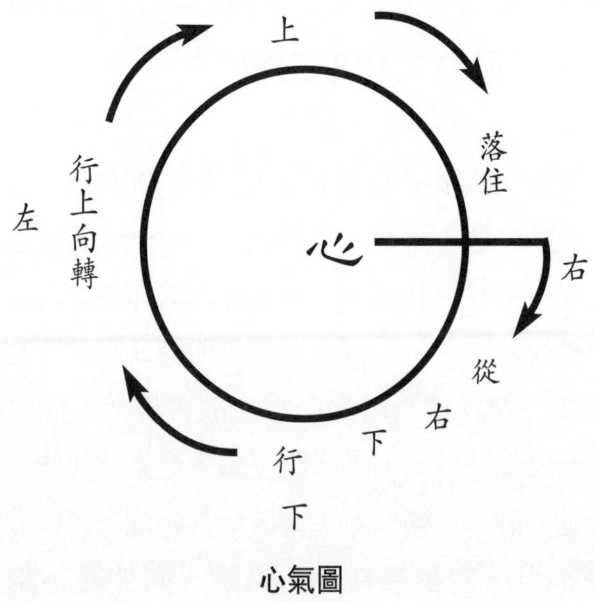

心氣圖

面之形莫非心內所發」，「心氣即中氣。中氣即浩然之氣，心氣即內精。」「心機一動，欲令手上領轉圈，手就如其意傳之，發令者在心，傳令者在手，傳心之神在於眼。右手當令眼隨右手，左手當令眼隨左手，如此周身運動方覺有神。心、手、眼即精氣神三到之說缺一不可。」

4. 習練太極拳能否一氣貫通，整體協調、上下相隨是關鍵。如，攬擦衣變單鞭，攬擦衣成勢之末用開勁，單鞭之機動於上勢之末，其開端必先以合勁，故開中有合，合中有開，有變開為合之意。

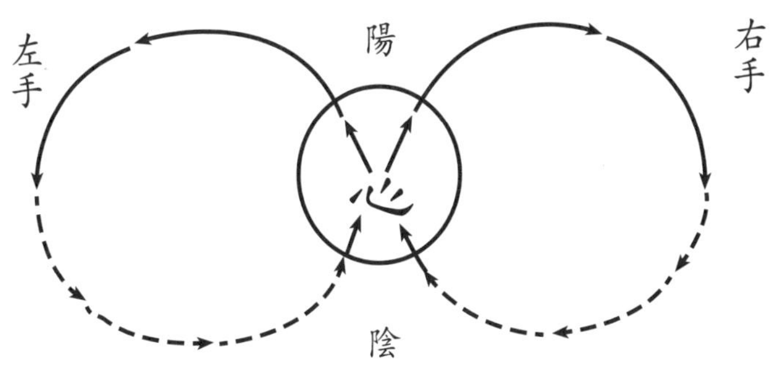

再如，單鞭變運手：運手之機動於上勢之末，此時左手為陽，右手為陰，陰極陽生，陽極陰生。在左手上領的同時，右肩鬆下，使右手下行至陰極而變陽，左手上領陽極而變陰。左右腿與足隨左右手更迭運轉，眼神隨當令之手，使上著與下著夾縫處無間斷，做到整體協調、周身相隨，連綿不斷，一氣貫通，即，勁斷意不斷，意斷神相連。

5. 習練太極拳身體必以端正為本，身體一端正則運動無不端正。「打太極拳頂精不可失，一失頂精四肢無所附麗，且無精神」。虛領頂精，塌腰泛臀，氣沉丹田，如此身法無不端正，無不靈活。故頂精是周身端正之綱領。頂精是何物？陳鑫說：「是心中一念之正氣。」頂精由何處領起？陳鑫說：「由百會穴提到會陰，腦後由後頂以下項中兩大筋間，下至長強，其意上下豎起，不可過，過則失之於硬，硬則轉動不靈。不可不及，不及則無精神，得其中而已。」

陳氏太極拳在習練過程中，要活腰鬆襠，定勢時要塌腰圓襠，發勁時要旋腰扣襠，要求開合有序，屈伸有度，虛實分明，進退順其自然，確保身法中正，重心不偏不倚。為了整體的協調一致，對手法、身法、步法等都有明確的要求。

在一般情況下，手高不過眉，低不過臍，左右手以鼻為中界，左手管左半身，右手管右半身。上體之手與下體之足齊。胳膊大約展五分，最多不超過七八分。內精平時只用一半，以蓄待發。足步只開尺餘，確保身到步到，步到身亦到（身到步不到，拳法不為妙）。

陳鑫在打演手捶的動作中特別強調：「寧欠一

二分，斷不可過一厘」，確保重心不偏不倚。在行拳過程中，步法有進有退，身肢有屈有伸，虛實相互轉換，並非固定不變，左虛則右實，右虛則左實，手虛足亦虛，手實足亦實。左右腿弓步時膝尖均不超出足尖。

特別是肩與肘要彼此呼應，自然鬆沉，不得上泛；見有泛起即將鬆下。身體兩側的手和足、肘和膝、肩和胯都要協調一致，上下相隨，從而實現「上欲動而下自隨，下欲動而上自領，上下動而中間應，中間動而上下和」，總之必令周身協調，上下相隨，一氣貫通。

在屈伸開合中，或剛、或柔、或疾、或徐，忽上忽下，忽前忽後，皆有自然之妙，所以陳鑫說：「一動一靜，一開一合，足盡拳法之妙。」

陳氏太極拳門規戒律

一、門尊十二嚴

端敬，公正，仁義，浩勇，忠信，誠德。

二、規守廿備

1. 不倚權欺人； 2. 不畏強凌弱；
3. 不懼險救危； 4. 不為非作歹；
5. 不仗技採花； 6. 不借勢狂妄；
7. 不走街賣藝； 8. 不串鄉結黨；
9. 不奢逸流浪； 10. 不自驕自滿；
11. 不與狂徒較量； 12. 不同無知爭強；
13. 不可驕諂貧富； 14. 不貪無義橫財；

15. 不過酒色處事；　16. 不抗公私之債；
17. 不損公徇私；　18. 不圖顯官厚祿；
19. 不當叛國臭徒；　20. 不磋懈習拳。

三、律則三格

1. 善良之人，端德者習拳，以健康強壯身體，衛身是根，此乃陳門拳術本貌共遵。

2. 不良之人，邪惡者習拳，以資侮掠人，致本為害，此為陳門拳術戒絕反對。

3. 規外之則：我守我規，成手不狂，狂手不成；或有不端狂徒份外生非，我應自重，三五讓步；其未止手，再禮奉告；猶不罷休，據察歹徒，當惕禦侮，威鎮無慌，火速握籌，隨機應變，運余妙手，彼奈我何，休想飛走。勸君謹記，莫待躊躇。章內規戒，陳氏師徒牢牢遵守，耐心講讀，是為至囑，深講深究，勿可輕忽。盼我門人，宜睦互愛願天下皆友。

學拳須知

一、學太極拳先學讀書，書理明白，學拳自然加倍容易。

二、學太極拳不可不敬，不敬則外慢師友，內慢身體。

三、學太極拳不可狂，狂則生事非。不但手不可狂，即言亦不可狂。外面之形跡必帶儒雅之風氣，不然狂於外而必失於中。

四、學太極拳以和為貴，以德為尚。不可仗勢欺壓他人。

五、學太極拳不可自滿，滿則招損，俗語云：天外有天，能謙則能虛心受教，只有學人之長，方可補己之短。

六、學太極拳當細心揣摩其中機致情理。即承上啟下處，尤當留心，此處不留心，則來脈不真，轉關亦不靈，一著自成一著，不能自始至終一氣貫通。

七、學太極拳學陰陽開合而已。以陰陽開合之理，調養氣血，以陰陽變化之理調整心態，使之身心健康，身心健康是唯一之理，只有健康屬於自己。

八、人貴有志，人不立志則一事無成，有志者事竟成。

太極拳說用

陳　鑫

五行生剋無處不有，無時不然。如兩人交手，敵以柔來，屬陰；陰當以陽剋之。屬水，水當以火剋之。此當然之理。勢也，人所易知者也。獨至於拳則不然，運用純是經中寓權，權不離經。何言乎？彼以柔來，是先以柔精聽（忖也）我如何答應，而後乘機擊我。我以剛應，是我正中其謀，愚莫甚也。問該如何答應？彼以柔法聽我（以胳膊聽我非以耳聽也），我亦以柔法聽彼。拳各有界，彼引我進，我只可至吾界邊，不可再進，再進則失勢。……

如彼引吾至界無隙可乘，彼之柔精如故，是勁敵也、對手也，不可與之相持。吾當退守看吾門戶。先時吾以柔進聽之，至此吾以柔道聽之，漸轉而退，仍以柔道引之使進。彼若不進，是智者也。

彼若因吾引而遞進，誤以我為怯，貿貿然或以柔來，或中途忽以柔變為剛來，我但稱住其手，徐徐引之使進，且令其不得不進：進至不得勢時，彼之力盡矣，彼之智窮矣，彼之生機更迫促矣。是時，我之柔者忽變而為剛，並不費多力，一轉即剋之矣。是時彼豈不知孤軍深入難以取勝，然當是時悔之不及，進不敢進，進亦敗：退不敢退，退亦敗，即不進不退亦至於敗。……

若彼先以剛來，則制之又覺易。易何言之？如人來擊我，其勢甚猛，我則不與之硬頂，將肱與身、與步一順，身卸下步，手落彼之旁而讓過彼之風頭，彼之銳氣直往前衝，不顧左右，且彼向前之氣力陡然轉之左右，甚不容易。我則從旁擊之，以我之順力，擊彼之橫而無力，易乎不易？吾故曰：「剋剛易，剋柔難。」

太極拳之用法

陳鑫

掤、捋、擠、捺，是兩人交手運用之大法。

人以兩手相推，我以右胳膊向上謂掤。我以右肱掤住對方之手，人即將身向後一退，而以兩手捋住我右肱謂捋。如我以右肱向前進，人即捋住吾肱，我以肩向前進謂擠。如我以左手撥人之手，人即隨勢向下捺住我左肱謂捺。兩人交手，彼掤我捋，彼擠我捺，或我掤彼捋，我擠彼此捺，掤與擠皆用一肱一肩，捋與捺皆是兩手，左右皆相同。兩人往來互用，循環不已。

拳之運動，維柔與剛。彼以剛來，我以柔往。
彼以柔來，全在稱量。剛中寓柔，與人不佯。
柔中寓剛，人所難防。運用在心，不矜不張。
中有所主，無任猖狂。隨機應變，終不驚慌。

陳鑫太極拳理法十二字解

身

太極拳雖是一門防身健身之道，但習練之時，不可視為兒戲。首先，身必須以端正為本。身體端正其拳勢無不端正。人的主體部分，即軀體不能歪斜不正，更不能失之平衡。太極拳一著一勢皆是以心運手，從而手領著肘，肘領著身。手雖領著身軀運動，身軀必須有之本位，即始終保持平衡和端正之位。論拳勢從整體而言，身軀是手的依託和支柱。從運用手勢的角度而言，則以手領著身。

在運動中，雖然有時身軀歪斜，而歪斜中自寓中正，從而達到主體穩固和平衡。同時，身心亦以端正為本，身心正則做事無不端正也。在這裏，身心是指一個人要有端正良好的品德，以高尚的道德準則從事，方可按客觀規律辦事。習拳也要循規蹈矩，不可妄生枝節，是為身心端正。

心

天地之間，人為萬物之靈。而心又為人體五官百骸之靈。從生理講，心主血脈，血液循脈的運行靠心氣推動；心藏神，即是心藏精神意識和思維活動。在這裏，心的含義也包括腦的功能，心主血脈與藏神是相互聯繫的。故心為一身為主。心一動則五官百骸皆聽命焉。古人以心為思維器官，故把思想的器官和思想活動、感情等用腦的過程都說是心，即所謂「心之官則思」。

「有物才有心，無物即無心，言心言性，言天言理」。以心理而言，一切感覺、知覺、記憶、思維、感情、性格、精力皆是客觀事物在腦中的反映。人之心有操與不操之分。心神內斂，則為操。心能操，則有自然而穩定的心理狀態，從而足穩重，手靈動，頭、身端正，目光肅靜，心平氣和，血脈通暢，一切行為無不端正也。不操則心外馳，故視不見，聽不聞，食亦不知其味。凡習拳者，心應操，即心靜而神斂。

論太極拳，其外表之形跡，與內之精意，皆由太極而發，即所謂的以易理說拳勢。拳勢與理法自然地合為一起，皆由理而發於勢。不知如何運勢或運勢不能達者，皆因心神不斂而氣不聚。能運勢者，其開合擒縱，動靜自然，理也。心之所用者，謂之理，即其運勢按照一定條理和準則運用自如。

學習拳藝，從初級到高級，由淺入深，循序漸進，不可中道而止，雖然是高遠難至之境界，但心不可不操，不可外馳，一志凝神，精進不己，雖層層曲折，但從感覺、知覺、記憶、思維、情感諸方面須致其極。方可「言心言性，言天言理」。

意

意者，心之所發謂之意。「心」藏神，即「心」藏精神意識和思維活動。如寫文章，其意之發，意在筆先，凝神靜思，先構思而下筆。這也說明，意發於「心」，傳於手，表現於外，顯示了其極有的意致和神情。意向是決定達到某種目的而產生的心理狀態，在發揮意志作用時，不能違背客觀規律，但意識對客觀的反應是主動的，可以使人從客觀實際中引出概念、思想、計畫等，來指導自己的行動，使行動具有目的性、方向性和預見性。在習拳時，「心之所發者正，則手之所形者亦正」。

即「意發於心，而形於外」。即意識正確地反映客觀，而產生的正確思想來指導自己的行動，就具有目的性、方向性和預見性，可以出奇制勝。

從生理方面講，人的意識具有第二信號系統特徵，是高級神經系統高度發展的表現。它是自然和社會的產物，也是自覺的心理活動。

習練時必須自然而平心靜氣。只有平心靜氣，情緒穩定，意才能按照一定規律引導動作運行，功效自然能達到極致。

志

心之所之，謂之志。即決定達到某種目標，而特有的心理狀態，謂之為志。凡人貴在於立志，不立志則一事無成，亦不能實現自我。人若立志，則自始自終，有條不紊；層層折折，悉究底蘊，從不懈惰。所敬之業，一定會由必然王國到自由王國。即所謂有志者事竟成。不然，則一事無成。故，人不可不立志。志，成功之根基。

恒

世界上無論做任何事情，都要有恒心，持久不變，持之以恆。日月是因其在宇宙中永恆不斷在運行而光芒照人；時間是在不停的變化而能造就萬物；哲人長期堅持其道，而推動社會發展；學拳也亦然。

一個人勤勤懇懇，始終不懈做事，必然會由苗而壯，由壯而果實累累。古人曰：「學貴有恆」。

志為成功之根基，恒心為成功之究竟。能恒則成，無恒則敗。志、恒二字，乃做事之要訣。凡人習練功夫，或堅持不懈，或半途而輟。如不能持之以恆，必然落後而無結果。

著

自古以來，有文事必有武備。但文事皆有成書，而武備則略而不言。自有史以來，至唐、宋、元、明，雖著有不少兵書，但只僅記述一些名目式的步法，至於太極拳皆未有涉及也。即使有的書中，論拳藝者，因從尚血氣，不尚義理，往往失之於硬。義理不明，勢則不能至。習練太極拳則要求，按其理，著其法；一著一勢，承上啟下，一氣貫通，千百著如一著，即為著也。

每一著必須考慮手從何處起，經過何處，到何處為止；外表是何形狀，體內運何精氣，要使周身按照一定的條理和準則運行。此著之下，與下著之上，中間一段如何承上啟下，架勢與血脈貫通，不應形成上下兩撅，或中斷之狀。自開始一著，自成一著，繼而至最終一著，一氣貫通，千百著如一著。

在太極拳的著勢中，手動為陽，手靜為陰；背（身之後背）則為陽，胸則為陰。也有陰中之陽、陽中之陰。某一手為令之手，為陽；另一手不為令，為陰。這一陰一陽，必須在軀身主體端正狀態下運用之。

中者，不偏不倚，即自己心中之中氣，亦為浩然之氣。理主宰中氣，氣非理而不能立，理無氣而無一行。濁氣下降，方可合住襠勁，從而身軀下盤穩當，上部則非常靈動，奇妙皆在其中。

這一著一勢，用語言難以形容其妙。其不只外形於手足的架勢，而應顯其精神。這些只有在實踐中不斷用心體悟。孟子曰：「能於人規矩，不能使人巧。」也就是這個道理。

理

理者，宇宙變化之規律，人們辦事之準則。按照規律和準則辦事，用做人的原則理事，有條有理的做事，其事必成。

理是概念、原理的體系，是系統化的理性認識，沒有理論的指導是盲目的實踐，因之必須「究乎天理之所以然」。在習練拳藝時，一開一合、一動一靜，一切要順其自然，究其拳理拳法方可知其真諦。這是學拳之精粹。

氣

何為氣，天行健，永恆不息。健者，氣也，通常是指一種極細微的物質，是構成世界萬物的本源。「天地合氣，萬物自生」，陰陽之氣化而生萬物，中醫指人體內的氣和血。氣的含義較廣，其中包括人體內部運行的細微物質，或臟腑組織的功能活動，均泛稱為「氣」。如水穀之氣、呼吸之氣、臟腑之氣、經絡之氣等。血主要指血液，由水穀精微所化生。氣與血各有其不同作用，而又相互依存，以營養臟腑組織，維持生命活動。氣聚則生，氣散則雲，氣，便是命也。

中氣，是人的一種主觀精神狀態。不滯不息，不偏不倚為中氣。從中醫講，中氣為中焦脾胃之氣，對食物消化、營養身體有重要作用。以理言氣，氣非理無以立，而理非氣無以存。「至大至剛、充塞於天地之間，純由內心集義所生」。理有其偏，氣亦有其偏。理之所以偏，私心雜念也。氣之偏，感情衝動血氣之勇，橫以行也。中氣亦為中庸之氣，指處理事情不偏不倚、無過不及的態度。

言氣不能離理，而理自在其中。打拳是以運氣為主，自然應以理主宰氣。

氣是人體內運行變化的精微物質，無不充之周身，而其統帥是心。心氣一發，意志則順其心之所向，身體各個部位皆隨之。各部位皆有自己之精。精、氣、神隨經絡運行。心為大體，百骸為小體，心機一動，百骸聽命；德為大體，小體當然是理也。在浩然正氣的精神狀態下，一著一勢知理得法，中氣流行，一氣貫通也。

中氣和浩然之氣是有區別的，二者與血氣則大不相同。中氣，太和之元氣，即中庸之氣，不偏不倚，無過不及。不剛不柔，剛柔得中，可謂之為正氣。習拳者以浩然之氣行之，則已過成功之大半，再加之涵養功夫，則幾乎是中氣也。至於中氣，可使對方進不敢進，退不敢退，思緒無譜，不敢亂動。此時雖不打對手，其自心服也。

情

理與氣發於外者為情，即人的情感外部表現。

情不能離開理，它是隨個人的立場觀點、社會實踐、生活經歷而不斷產生變化的，是人心理的表現。人與人之交往產生人情；寫文章則表達思想感情。打拳是欲抑先揚，在其過程中，心生妙趣，天機活潑，則表現極有情致。內有情致而外不死板，有情趣，則不覺枯躁，否則，其勢如木偶一般，或象死蛇塌地，毫無景致，更談不上熱情洋溢，生龍活虎。要使觀者愛看，口中樂道，且愛好願學，習拳不能無情致也。

至於與人交手，即建立了「敵對」關係，交戰中，斷不可看人情。一看人情，人以無情加於我，後果則可想而知。

景

一片神行之謂景，即開合收放，委婉曲折，連綿如畫。景不能離情，如情不能離開理一樣，有情趣方有景致。

心無妙趣，打拳也打不出好的景致。如何才能打出景致，首先要遵守拳理拳法的規矩，其次要消化理解其原理和功能，三是要有情趣，這樣就可以按照拳理一著一勢，出神入化，打出景致。

情發自內，而景表現於外。如同天朗氣清，惠風和暢，陽春煙景。處處柳垂花嬌，山明水秀，心怡神暢，真的一片好景致。拳景到此境界，則可觀嘗也。

神

神者，精、氣表現於外，形俱而神生。神，表注於外的精神也。精神足，則神情自然足。習拳時，心、手、眼俱到，則有神。

表注於外的精神，不僅有眼神，而有神采氣度，即神氣也。打拳時眼不可斜視，心亦應隨手往還。如打攬擦衣，眼隨右手中指而行，攬擦衣手到位，眼注於右手中指，不可它視。眼注於此，則全身精神皆注於此。這樣，攬擦衣全著皆俱有精神，形俱而神生。

打單鞭眼注視左手發端處，隨著左手徐徐而行，至單鞭打完，眼則注視中指尖上，不可妄動。打披身捶，眼注視左腳尖。打肘底看拳以及小擒拿，眼注視於肘底拳上。打斜行拗步，右手在前，眼注視右手。打抱頭推山，兩手雖都在前面，而以右手為主，眼雖並注，而偏重注視右手。打指襠捶，眼注於下。打下步跨虎，眼注視上。打演手捶，眼注視前。打回首捶，眼注視後。

總之上下四旁，某處為令，眼神注視某處，這是基本之要領，也是太極拳的獨道之處，不僅有神而且是神乎其神。以太極拳陰陽所發，而運用周身。拳如能習至神乎其神，才算入了門。動靜緩急，運轉隨心，決不會滯澀而無精神。

化

化者，化乎規矩也。化不可代，時不可違。氣化而生萬物後，各物種能一代代傳接下去，即已形化。化之內容可分為二，一有造化，二有神化。造化，造是說開始，化是說終結，靠自然之功能，創造化育，即化不可代，時不可違。打拳也是一樣，熟而又熟，並不要時時用規矩對照架勢運行，而如神龍變化，捉摸不住，隨意舉動，自成法度，但又不逾矩。即為形化也。技法到這一步，真神品也。

太極之理，發於無端，成於無跡，無始無終，活盤托出。太極拳雖是小道，以小見大，蓋於此。以易理言拳理也。

學太極拳的要訣與步驟

學太極拳不能嬉戲從事，「業精於勤荒於嬉，行成於思毀於隨」。學太極拳心中自始至終要有一個「敬」字，能敬則可專心致志。學太極拳既不可畏艱怕難，又不能急於求成，惟先排除雜念，掃除惰慢之氣，恭敬從事，用心領悟，細心揣摩，身作心維，方可「以吾身之運動，順天機之往還」，使清氣上升、濁氣下降，上體自然輕靈，下體則穩固如磐，然後即可足應萬事。

太極拳的要訣在於剛柔並濟，柔中寓剛，剛中寓柔。對初學者而言只要能去僵求柔，動作做到輕柔圓活，順其自然就夠了。

學太極拳的程序要先慢後快，先柔後剛；慢不可癡呆，快不可錯亂，快後而複慢，久而久之，就會至柔至剛。

習練太極拳的姿勢要求身正、步穩、手領、眼隨、鬆肩、沉肘、塌腰、泛臀，確保頂精、襠精不失，將「剛氣化為柔氣」；否則，橫氣聚集於胸中，必致上重下輕，根基不穩。

太極拳的動作一開一合，運化靈活，循環無端，完全出於自然，其虛實開合、起落旋轉都是從螺旋纏繞的圈中而來。初學者可先以手帶身畫大圈，逐步過渡到以身帶手畫小圈。陳鑫說：「打太極拳圈愈小愈好，愈小小到無可小，極小之中藏神妙。」其妙即在其中。

學太極拳的步驟大體分為三個階段，即初級、中級、高級，也可稱為三層功夫，在陳家溝歷來有一層功夫一層架的說法。

第一階段為初級階段，這一階段宜慢不宜快，要細心揣摸，精心領悟，要將一招一勢學準確，動作要領做到位。在運動中要保持身法中正、去僵求柔，用意不用力，使人體與太極拳的套路和諧順隨，節節貫穿，連綿不斷。

第二階段為中級階段，這一階段要在精熟套路的基礎上，明拳理，懂勁道，知妙用。要將拳法運動規律與陰陽互變的理法相結合，做到鬆柔圓活，形神兼備，技理交融。

第三階段即高級階段，亦稱為「神明」階段。

所謂「神明」，即「知己知彼」，「意到神隨」，也就是說，在演練時要做到開合中陰陽無偏、屈伸間捨己從人，蓄發時隨機應變，運動時隨心所欲，雙人互動時你不動、我不動，你欲動、我先動，達到形隨意動、神形合一、收發自如的境界。技擊講求以得人為準，以和為貴，以化為上，以涵而不漏為妙。

太極拳是通向人類健康的光明大道，這一法寶已成為全世界人民的共有財富。學太極拳必須用心，否則是學不會的。世上無難事，只怕有心人，只要練習者長期堅持不懈，一定可以達到健身防身的雙重效果。

太極拳引蒙要訣

「平素打太極拳因地就勢，不必拘定方向而首一定位置。但北辰北斗在北方，學者宜心向之。」故演示圖像以面北、背南、右東、左西為準繩，以示規矩。

一、頂精是一身之關鍵

學者上場打太極拳，「端然恭立，身樁以端正為本。」

「心中一物無所著，一念無所思。」

「自始至終頂精不可失，一失頂精四肢無所附麗，且無精神，故頂精要得領好，以為周身之綱領。」

「頂精何在？在百會穴。頂精乃是中氣上領，若有意，若無意，不輕不重，似有似無，心中一點忽靈精流注於後頂。不可提過，亦不可不及。提過則上懸。不及則氣留胸中難以下降。其意領起就算，頂要靈活，靈活則左右轉動自易，此為一身之關鍵。」

二、鬆肩沉肘，襠開圓

「打太極拳兩肩要常鬆下，見有泛起，即時鬆下。然不得已上泛，泛畢即鬆下。兩肘要常沉下，不沉則肩上揭不適於用。故宜泛則泛，宜鬆則鬆。肩不鬆，肘不沉，肩膊骨縫不開。肩膊骨縫不開則胳膊轉換不靈。」

「腰勁塌下，襠即開圓，無不如意。」

「塌腰泛臀襠開圓是下盤穩固之關鍵。臀部要泛起來，不泛起來則前後襠合不住，不合則兩大腿根失之散。」

「腰精下去，屁股泛起，小腹向前合則襠自開。善開者，襠開一線亦為開，以其虛而圓，兩腿相合，中間寬大為開。不善開者，襠如人字，上窄下寬，不虛不圓，雖亦像開，不得為開。襠不開，膝不屈，腰精不下，足底無力，則下盤不穩。襠不撐圓，則左右轉動不靈。」

初學者「始則不開，不可使之強開，功夫未到自開時，心說已開，究竟未開。功若日久，肩膊骨縫與襠自然能開，此處一開，胳膊如掛在肩上一般，全胳膊之往來屈伸如風吹楊柳，天機動盪，活潑自如，毫無滯機，運動似柔而實剛，精神內藏而不露，此為肱之樞紐，靈動之關鍵，不可不知。」

三、一心靈妙，手眼相隨

打太極拳全在用心，「人之一身以心為主，心在胸中如何運轉，則周身亦隨之運轉，故外面之形莫非心內所發。」

「心氣即中氣，心氣即內精。」

「心機一動，欲令手上領轉圈，手即如其意以傳之，發令在心，傳令在手，觀色在目。此謂心、手、眼即精、氣、神三到之說，缺一不可。」

「心精一發而周身之筋脈骨節無不隨之。」

「左右手以鼻為中界，左手管左半身，右手管右半身，左右足各隨其左右手運動。心與身不何使氣，輕輕地遵循規矩，順其自然之勢運之，以手領肘，以肘領肩；下則以足領膝，以膝領大股，其要處全在以手指領住運行。」

「勢到成時，氣歸丹田，手與手合，肩與肩

合，胯與胯合，膝與膝合，足與足合，眼神看當令之手中指，心則前後左右、上下皆照顧住，說合則周身一齊扣合住方佳。」一心靈妙即在手眼相隨。

四、纏絲法是太極拳之精髓

「太極拳，纏絲法也。進纏，退纏，左右纏，上下纏，裏外纏，大小纏，順逆纏，而莫非即引即纏，即進即纏，不能各是各著。纏絲精為拳之筋脈，故運動皆不可離，一離纏絲精，不唯拳勢直率，亦索然無味。」

「打太極拳須明纏絲精。纏絲者，運中氣之法門也。不明此即不明拳。」

「凡手足一動一靜，皆要令其轉圈，轉圈非用纏絲不可。向裏纏為合精；向外纏為開精，動則手足易見其纏，即每勢將終，即靜時，其氣機不停。」

「無論裏纏，外纏，皆是隨動而發，往外發者皆發於丹田，向裏收者皆收於丹田。其勁皆發於心，內入於骨縫，外處於肌膚，是一股，並非有幾股。」

在纏繞運行過程中，丹田中氣運轉，以意念引導肢體螺旋纏繞，「由其大無外之圈，造其小無內之境。」

「一開一合連綿不斷，精、氣、神即生生不息。」

初學時以手帶身，轉大圈，隨著功夫不同程度地提高，逐步過渡到以身帶手轉小圈。陳鑫說：圈愈小愈好，愈小小到無可小，極小之中藏神妙。

五、意到神隨，一氣貫通

「至於身法原無一定，無定有定，在人自用，橫豎顛倒，立座臥挺，前俯後仰，奇正相生，回旋倚則，攢躍皆中，千變萬化，難繪其形。」

「打太極拳原是備身法，身法有正有斜，有直有屈，有順有逆，有偏前有偏後，有偏左有偏右，有偏上有偏下，有在地上生，有在空中飛，有束住有散開。種種身法不可枚舉，皆以中氣貫之。」

「中氣即浩然之氣，以心中浩然之氣運於全體，雖有時形體斜倚，而斜倚之中自有中正。」

「拳之一道，進退不已，神氣貫串，絕無間斷。」

「當下著接住上著時，下著之機動於上著之未，上著之終即下著之始，下著接住上著而起，其接榫處是為過脈，於過脈處當思如何使之意到神隨，血脈貫通。」

「此拳之運動，不貴速而貴緩，緩則可以細心揣摸其中之奧妙。」

「能與人規矩，不能使人巧，巧在學者自悟。」

「故學者用功，當遵循規矩徐徐運行。」

「越慢越好，慢則可以細思其所運之精由何處起，由何處止，由粗及精，且可以自知其精運到指頭與否，能如此領悟，將來功夫成時其速無比。」

「人貴有志，人不立志則一事無成。人貴有志，有志者事竟成。」

太極拳基本動作與要領

一、手型與手法

太極拳的手型不外乎三種，即掌、拳、勾手。其中變化最多，運用最廣的為掌和拳，其次是勾手。

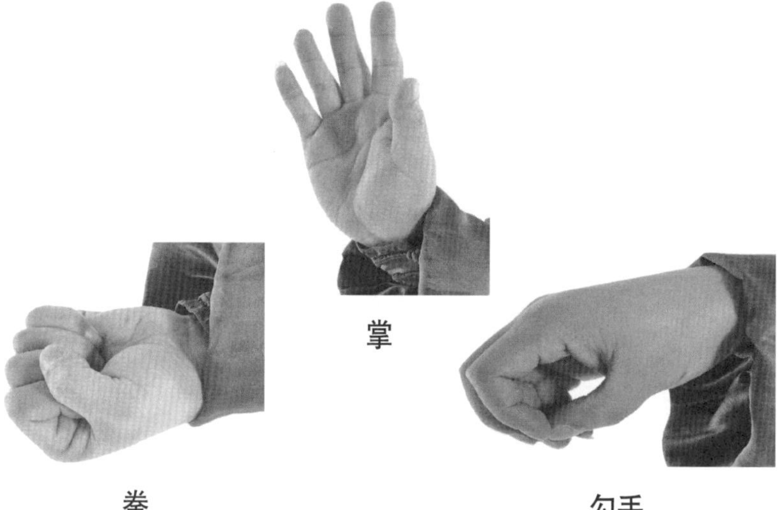

掌

拳

勾手

對掌的要求是，五指自然伸展，小指與拇指有內合之意，成互攏狀，用掌時以中指統領四指，用意不用力。用拳時，四指彎曲，拇指壓在食指與中指之上，出拳時要螺旋發出。勾手的方法是五指自然彎曲相合，四指與拇指相包，成梅花狀。如單鞭，右勾手時勾尖向下。如摟膝拗步，左手勾時勾尖向上。

太極拳的手法主要有八種，即掤、捋、擠、按（四正），採、挒、肘、靠（四偶）。八勁八法手型與手法的運用，主要是根據對方力點的來脈，而不斷調整自己的手型與手法，即「順來橫打，橫來捧壓」，太極拳以柔剋剛，四兩撥千斤的道理就在於此。陳氏太極拳的手型手法靈巧多變，技擊的技巧豐富多彩，其健身與防身的功效久享盛譽。

二、眼　法

眼神是心靈的窗口。練太極拳時，要心靜氣和，眼神隨手運行。左手當令眼隨左手，右手當令眼隨右手，絕不可閉目斜視。打太極拳發令在心，傳令在手，傳心之神在於眼，心、手、眼三到之說缺一不可。陳鑫說：「眼之所注，神之所往。」

三、身　法

何為身法？簡單地說，身軀運動即縱橫、高低、進退、顧盼、反側的姿勢與型態叫做身法。

打太極拳身軀有時忽縱忽橫，縱橫要借勢而變；有時忽高忽低，高低必有攢促之形；有時忽進忽退，進退皆隨機應變，顧盼、反側皆順勢而為。

總之，觀察在眼，變化在心，有時身體雖因勢而倚斜，在倚斜之中自寓中正，絕不可徒表面而失中正，而中正之法全賴於虛領頂精，塌腰、泛臀、襠開圓。身法中正與否、靈活與否全在於此。

四、步型與步法

步型與步法為一身之根基。打太極拳隨機應變在於手，而進退反側之妙在於步。兩足兩腿在成勢時的基本姿勢叫步型。在運行中以示進退反側之妙的步型稱步法。

步型步法的不同，主要是根據勢與勢的來脈不同，千變萬化莫非步的巧變。總之「活與不活在於步，靈與不靈亦在於步」。

（一）常用步法

1. 前進步

右腿屈膝鬆胯，左腿屈膝提起，向前邁一小步，左腳跟落地，重心緩緩左移；右腿屈膝提起，向前邁一小步，右腳跟落地，重心緩緩右移，循環練習。

2. 後退步

左腿屈膝鬆胯，左腳尖輕點於右腳內側前方，左腳尖輕擦地向右腳內側畫弧再向左後方畫弧後退，重心移至左腳；右腳尖輕擦地，向左腳內側畫弧，再向右後方畫弧後退。左右更迭退行，循環練習。

3. 側行步

以一腳為支撐點，另一腳叉於前腳後，重心側移至後腳，前腳向左右側開步，兩邊相同。

（二）常用的步型和步法

1. 馬　步

左右兩足分開，稍寬於肩，屈膝泛臀，臀部不低於膝，兩腿有外撐內合之意，保持重心中正不偏。

2. 左右側弓步

左腿弓，右腿蹬，為左弓步。右腿弓，左腿蹬

馬 步

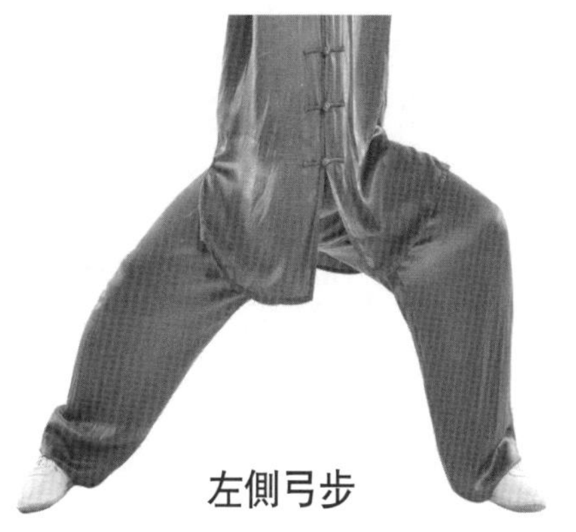

左側弓步

右側弓步

為右弓步。左右弓步膝尖皆不超出足尖。側弓步根據身法的高低虛實比例為四六步或三七步。

虛　步

3. 虛　步

左足踏實，右足趾點地；或右足踏實，左足尖點地，一虛一實稱為虛步。虛足點地與實足中間相照，與肩同寬，兩腿保持平行，虛足足尖微向裏合，兩膝微屈，膝尖不超出足尖。

4. 仆　步

左右一腳實踏於地，屈膝裏合，另一足跟用力蹬出，腿伸展貼於地，足尖向上微向裏合。多用於跌岔、鋪地錦。

跌岔仆步　　鋪地錦仆步

5. 交叉步

兩腿前後交叉的步型為交叉步。左右足無論向前或向後插步，前面的足為實，插在後面的足為虛，兩膝互相貼近。根據不同年齡、不同身法，屈膝下蹲可高、可低。此步型多用於進退反側轉身之法。轉身時虛足用腳掌，實足用腳跟旋轉，既靈便，又穩固。

交叉步

6. 獨立步

左右一足踏實於地，另一足提起，膝與胯平，稱之為獨立步。

步型與步法的正確與否，直接關係到身法是否中正，下盤是否穩固，進退是否靈活，上下是否協調。為了達到健身與防身的雙重效果，必須注意以下幾個方面。

左獨立步

右獨立步

（1）無論步型步法如何變換，都必須保持身法中正。

（2）無論何種步型、步法，都必須做到隨欲平衡，重心穩固。

（3）無論何種步型、步法，手足運行必須保持協調一致，做到手起足起，足落手落。

（4）無論何種步型，都不得出現八字步。

（5）凡屬前進步法，都必須以腳跟先著地。凡屬倒退步，都必須以腳尖擦地退行，進退皆要走出弧線，不可直來直去。

陳鑫太極拳法64勢拳譜名稱

預備勢

第 一 勢　金剛搗碓

第 二 勢　攬擦衣

第 三 勢　單　鞭

第 四 勢　金剛搗碓

第 五 勢　白鵝亮翅

第 六 勢　摟膝拗步

第 七 勢　初　收

第 八 勢　斜形拗步

第 九 勢　再　收

第 十 勢　前堂拗步

第十一勢　演手捶

第十二勢　金剛搗碓

第十三勢　披身捶、背折靠

第 十四 勢　指襠捶
第 十五 勢　肘底看拳
第 十六 勢　倒捲紅
第 十七 勢　白鵝亮翅
第 十八 勢　摟膝拗步
第 十九 勢　閃通背
第 二十 勢　演手捶
第二十一勢　攬擦衣
第二十二勢　單　鞭
第二十三勢　運　手
第二十四勢　高探馬
第二十五勢　右擦腳
第二十六勢　左擦腳
第二十七勢　蹬一跟
第二十八勢　擊地捶
第二十九勢　踢二起
第 三十 勢　護心捶
第三十一勢　左踢一腳
第三十二勢　右蹬一跟
第三十三勢　演手捶
第三十四勢　小擒拿
第三十五勢　抱頭推山
第三十六勢　單　鞭

第三十七勢　前　昭

第三十八勢　後　昭

第三十九勢野馬分鬃

第 四十 勢　單　鞭

第四十一勢　玉女穿梭

第四十二勢　攬擦衣

第四十三勢　單　鞭

第四十四勢　運　手

第四十五勢　擺　腳

第四十六勢　跌　岔

第四十七勢　金雞獨立

第四十八勢　朝天蹬

第四十九勢　倒捲紅

第 五十 勢　白鵝亮翅

第五十一勢　摟膝拗步

第五十二勢　閃通背

第五十三勢　演手捶

第五十四勢　攬擦衣

第五十五勢　單　鞭

第五十六勢　運　手

第五十七勢　高探馬

第五十八勢　十字腳

第五十九勢　指襠捶、青龍出水

第六十勢　單　鞭

第六十一勢　鋪地錦、上步七星

第六十二勢　下步跨虎

第六十三勢　擺腳、當頭炮

第六十四勢　金剛搗碓

收　式

陳鑫太極拳法64勢圖像分解

預 備 勢

起勢面向北，兩足並齊，端然恭立，心中一物無所著，一念無所思。頂精領起，鬆肩墜肘，兩臂自然下垂，五指併攏，貼於大腿兩側。左足向左開步與肩同寬，兩膝微屈有內合之意。兩眼平視前方，自然呼吸，注意氣沉丹田（圖1）。

首勢面向正北，以下身法轉移面之所向皆以首勢為主，推而移之。又有以身之左右言之，打拳或向南，或向北，或向東，或向西，皆可依據此譜。

圖1

第一勢　金剛搗碓

頂精虛領，塌腰泛臂，屈膝下蹲，兩手自然相合，由下而上，自左而右在胸前畫一個平圓。兩臂向左前掤的同時，重心移至左腿，右足隨身微向右轉，重心移至右腿。左手領，左腿同時提起，向左前開步，成左弓步。左手在左膝上方，右手落於右肋前；左手由上而後而下，右手由下而前而上，分別交叉，在身右側畫一個立圓，轉夠一圈。

左手在前，右手在後，重心隨手交替而變，重心落於左腿。右手領右腿由下而前而上，在運行中右掌變拳從左手下向前向上沖拳，右拳與眉同高，右膝與胯平。右手與右足同時提起同時下落，右拳落在左手掌內，右足落地震足，與左足平行，與肩同寬。要求周身協調，手起足起，足落手落（金剛搗碓實為周身發動之始，亦是陰陽變化之源，實為64勢之母）（圖2～圖7）。

金剛搗碓斂精神，上下四旁寓屈伸。
變化無方當未發，渾然太極備吾身。

圖2

圖3

圖4

圖5

圖6

圖7

第二勢　攬擦衣

承上勢，右拳變掌，隨左手由下而上而右旋轉，先繞一小圈，由何處起、由何處止。重心移至左腿，然後右腿提起向右開一步。右半身隨右手向右順纏展開胳膊，運行時右手高不過頂、低不過鼻，勢成時手與肩平。左半身隨左手向左逆纏，左手纏至左肋前，四指朝前，拇指在後，兩手有內合外開之意。右腿弓、左腿蹬，足尖微向裏合，成右弓步。頂精虛領，眼視右手中指，鬆肩沉肘，塌腰泛臀，氣沉丹田（圖8、圖9）。

圖8　　圖9

七言絕句

世人不識攬擦衣，左屈右伸抖虎威。
千變萬化由我運，下體兩足定根基。

第三勢　單　鞭

承上勢，內合外開之意，兩手同時左順、右逆纏，向下向裏合於胸前。當向外開時，左足隨左手提起，向左開一步。右手向右逆纏變勾手，勾尖向下；左手向左順纏，掌心向前，手指朝上，兩臂展開與肩平，鬆肩墜肘，眼視左手中指。左腿弓、右腿蹬，成左弓步，右足尖向裏合，頂精領起，塌腰泛臀，氣沉丹田（圖10～圖14）。

圖10

圖11

圖12

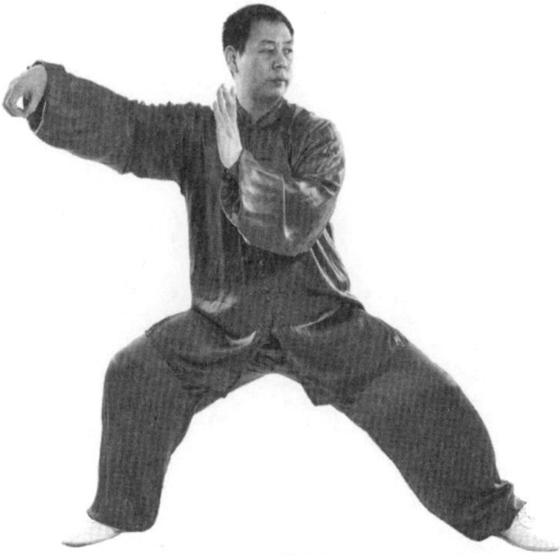

圖13

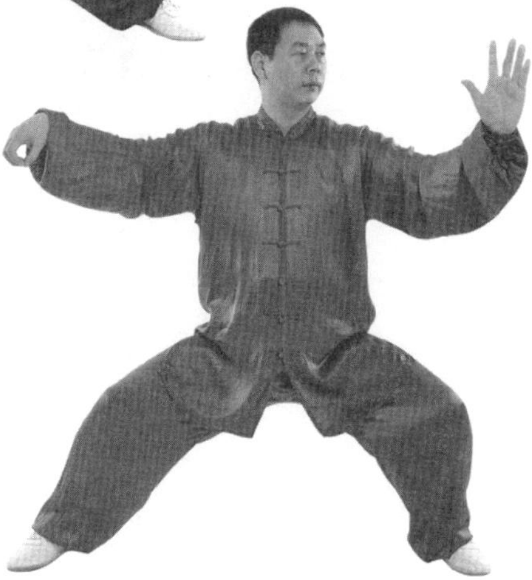

圖14

七言絕句

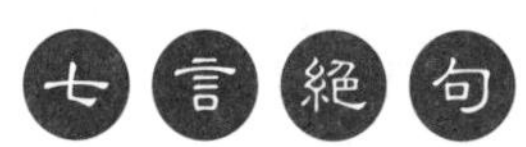

單鞭一勢最為雄，一字長蛇互西東。
擊首尾動精神貫，擊尾首動脈胳通。
當中一擊首尾動，上下四旁扣如弓。
若問此中眞消息，須尋脊背骨節中。

第四勢　金剛搗碓

承上勢，單鞭畢，兩肩鬆下，左手上領向左，右肩右手低下，左右兩手各轉一圈，當左手上提時，左足跟不離本位轉向左，足趾向西落住。右手變拳從左手下向上沖拳，右足隨右手自後向前，從下往上轉一圈，右膝與胯平。右手與右足同時下落，右拳落於左手掌內，右足下落與左足齊，與肩同寬。內精與纏絲法與首勢相同（圖15～圖18）。

第二金剛面向西，周身運動手足齊。
右虛左實君須記，上承單鞭原有異。

圖15

圖16

圖17

圖18

第五勢　白鵝亮翅

何為白鵝亮翅？左右手從左肋上去，向左轉如鵝展翅，故名，象形也。

承上勢，右拳變掌，兩手從左肋由下上行向右，再向下向左轉一大圈，左足隨之向左跨一步，右足向左跟一步，足趾點地，與肩同寬。兩手相距一尺，左手高，高不過眉，右手低，與左肘平，像似白鵝左翅。兩手同時再由上向右轉一大圈，右足從左足邊向右開一步，左足隨右足跟一步，足趾點地。步形如初月慢彎，手法如前，像似白鵝右翅。兩膝相合，屈膝下蹲，兩肩兩肘沉下，掌心向外，塌腰泛臀，腰精下去，右足實，左足虛；右手高，左手低；以伏下勢之脈，眼看兩手中指（圖19～圖22）。

圖19

亮翅由來肖白鵝，左右展翅又一波。

一陰一陽手內看，引進之法說不完。

此中含蓄無限意，又是引進落到空。

第六勢　摟膝拗步

承上勢，右足在本位不動，左足向左開一大

圖20　圖21　圖22

步。兩手用逆纏向下，從兩膝下摟過上行轉一大圈，左手從胸前平分逆纏至身後，左勾手向上；右手從胸前兩乳間側住手由上而下而上行，右手落在胸前與鼻相照，左手在背後前後呼應，兩手與腰胯皆要走出太極圖中陰陽分界曲線。白鵝亮翅與摟膝拗步合為一勢方成大開大合。眼視右手中指，每勢畢令氣沉丹田（圖23、圖24）。

兩手平分兩足開，右前左後護胸懷。

四面八方皆有備，引進落空任人侵。

圖23

圖24

第七勢　初　收

承上勢，右手順纏領其全身自右向左引，左勾手展開逆纏，與右手同時由左而前轉夠一圈。右足收至左足裏側退行一步，屈膝，足平踏；左足隨右足退行至右足前，屈膝，足掌點地，成左虛步。兩手相合，左手高，落在左膝上方，肘沉下，腋不可夾住；右手低，落在右肋前。眼看左手中指，一身靈妙，眼手相隨（圖25～圖27）。

欲從開後收得好，惟有兩手圈轉小。

圖25　　圖26　　圖27

愈小小到無可小，極小之中藏神妙。

一收即見精神聚，不收不見放中巧。

第八勢　斜行拗步

承上勢，兩手相合，同時從身右側自上而下，向上向前轉圈。當左手向上時領左足向西南斜開一步，右手領右足向西南跟一步。左手領左足再向西南上一步，謂斜行拗步。左足落在西南，右足在東北，左腿弓，右腿蹬，成左弓步。兩手合於胸前，再從兩膝下分開摟過，右手在胸前兩乳之間，與鼻相照，眼看右手中指；左手身後，勾尖朝上，與右手相呼應（圖28～圖32）。

圖28

圖29

圖30

圖31

圖32

斜南吊北雖難看，位置自然有高見。
手足往來皆有定，有定尤貴能善變。
善變無形並無窮，無窮功夫在百練。

第九勢　再　收

承上勢，動作與初收基本相同。右手向左將左手引出之後，右足隨身向後退行一步，左足亦隨身向後跟隨一步，兩足左虛右實站穩，身法收束愈小愈好（圖33～圖35）。

圖33　圖34　圖35

外似無圈實有圈，陰陽互變人不曉。
外柔內剛拳中意，虛實分明智倍高。

第十勢　前堂拗步

承上勢，左足隨左手由裏向外繞一圈，向西北開一步，右手隨左手亦繞一圈，然後右手與右足旋轉如同左手左足，彼下此上如車輪，更迭運行。前堂拗步共開三步，第一步以左手左足為主，左手與左足一齊向西北開步。第二步以右手右足為主，亦向西北開步。第三步待右手從右膝轉到後時，左足

圖36　　圖37

圖38

再向西北開一步，左手與左足在前，右手與右足在後，此為前堂拗步（圖36～圖38）。

七言絕句

左足先開第一步，右足上步緊跟隨。
第三開步仍左足，左足拗步在前堂。

第十一勢　演手捶

承上勢，左手在前，屈肘，摳住手腕以應右手；右手變拳從後向前與左手掌相合，肘向北，手背朝上，俱在左肋前。左腿弓、右腿蹬，成左弓步。左手不超出左膝，右拳不超出左掌，寧欠二分不過一厘（圖39）。

圖39

寧欠二分不過界，凡事貴在得其中。
勸君智勇休使盡，剩下餘力掃千軍。

第十二勢　金剛搗碓

承上勢，左足在西不離本位，將左足趾轉向北。左右手皆隨身右轉，面向北，右手變拳，同時領右足上提，手起足起，足落手落，之後動作與第一勢金剛搗碓相同（圖40～圖42）。

太極有一圈，陰陽在裏邊。
一開連一合，奇正總無偏。

圖40

圖41

圖42

第十三勢　庇身捶、背折靠

何為庇身捶？以兩手護其周身，右手護頭，左手護腰，前後左右亦照顧，又名披身捶。庇身捶勢最難傳，兩足舒開三尺寬。兩手分開皆倒轉，兩腿合精盡斜纏。右拳落在神庭上，左拳落在左腰間。身似側臥腰大扭，眼神註定左足尖。頂精領起斜寓正，襠間撐合半月圓。背折一靠向襠去，此是太極變中拳。

承上勢，右拳領右腿向上，然後向右開一步，右肘隨之從右膝下向後涉起，自左而右轉一大圈，右拳落至右額前；左手摟左膝自右向左，自下而上轉一大圈，左手落在左腰間。右腿弓，左腿蹬，足尖向裏勾，兩肘相合，眼看左肘尖與左足尖。此為老式。

新式為，左右手一齊由下而上分開，同時右手領右足向上，向右開一大步，然後右手向右從右膝下自前而後轉一圈；左手從左膝下自右而左亦也轉一圈，左右手相落與老式相同。

背折靠，何為背折靠？我以右肩靠住人之胸，以肩臂向前引進，忽轉向後，以肩臂反折擊之，故名背折靠。

承上勢，以手領肘，以肘領肩，向前引進，胳膊始而微展，從下往上忽折向後，愈快愈好。上體往後折，下體須穩固，上體向後不可過，過則下體不穩（圖43～圖48）。

右足向右開大步，前後左右皆照應。
順逆纏絲人所能，背折一靠最上乘。

圖43

圖44

圖45

圖46

圖47

圖48

第十四勢　指襠捶

指襠捶，亦名下演手捶。用拳向下直擊其要害之處，故名指襠捶。

承上勢，當右肩肘往回撤時，左右兩足在原位不動，左右兩拳皆用逆纏法由外向裏合纏，用合法右拳向右前伸展，左肘與左拳向左後發力，右拳向右前，左肘向左後，先合後開無不得勢（圖49）。

右肩往後退幾分，轉過勁來又一捶。
周身全力注右拳，妙用轉關運得圓。
不是右肩能回繞，捶從何處擊丹田。

圖49

第十五勢　肘底看拳

承上勢，左足在原位不動，先以左手領左足向左轉，足趾向西，重心移至左足。右手領右足自東向西上一大步，足踏平，踏實。左手領左足向西跟一步，落在右足左側，成左虛步。左手展開五指朝上，掌心向右，肘屈在下；右手握住拳，自上而下落在左肘下，與左肘上下相照。兩膝微屈，大腿根向外開，兩膝向裏合，襠撐圓，頂精領起，眼看住右拳（圖50～圖52）。

左肘在上，右拳在下。

圖50

圖51

圖52

左足點地，右足平踏。

兩膝屈住，襠中闊大。

承上啓下，形象古雅。

第十六勢　倒捲紅

何為倒捲紅？左右手領住左右足向後倒轉退行，故名倒捲紅。

承上勢，依據陰陽變化，陰極陽生之理，右拳變掌先下至極點，然後左手隨左足同時向後一齊運動，左手自上而下，自前而後倒轉一圈，左足自前而退行一大步，退行時足跟提起，足尖擦地畫弧退行。右手亦隨住右足向後退行，方法如前。左右手與左右足更迭退行，不拘數目。然以左足退行到後、左手逆轉到後止。不如此，與下勢白鵝亮翅承接不能一氣貫通（圖53～圖55）。

圖53

圖54　　圖55

正氣貫住中間，退行有正無偏。
陰陽來回更換，像似車輪旋轉。

第十七勢　白鵝亮翅

承上勢，左足在後，右足在前，將右足收至左足邊，右足趾點地，然後右足再自左向右開一大步，開步不可直來直去，必如月形，有慢彎之勢。然後左足亦隨之向右，足趾點住地，屈膝，襠開圓。右手在上向下尋左手，然後左手隨右手從下向上繞一圈，自左斜而上行到右，兩手相合，相距一尺左右，右手稍高於肩，左手稍底於肩，眼看兩手之間。以右手為主，纏絲法與前白鵝亮翅相同（圖56～圖58）。

圖56

圖57

圖58

第十八勢　摟膝拗步

手足運行方法、纏絲法與前第六勢摟膝拗步相同（圖59、圖60）。

緊承上勢號白鵝，下啓演手又一波。
中間摟膝兼拗步，四方禦防計謀多。

圖59

圖60

第十九勢　閃通背

承上勢，右手在前，先向左順轉一大圈，右足向前開一步，右手從上向下至襠中，側轣住身，右肩向下。當右手隨身涉起時，左足隨右手向前開一步，落在右足之前，足趾朝南，左實右虛，成交叉步。然後右手臂領全身向上向後轉身，用左腳跟、右腳掌不離本位向身後轉體之後，面向東，右足在前，左足在後，胳膊似展非展，似屈非屈。閃通背界限至此，以下為演手捶。其勢雖相連，而其界各自分明，不可混視（圖61～圖64）。

上承白鵝面向西，右掌劈下大轉身。
左足向前開一步，轉過身來即向東。
不是拳家生巧計，須防敵人身後攻。

圖61

圖62

圖63

圖64

第二十勢　演手捶

承上勢，兩手從腹前分開的同時，左足向前進一大步，右手變拳從後向前繞一大圈，與左手合住捶由西向東擊，左肘向後擊，與腰平，右捶與肩平，肩臂之力皆助於右拳，眼看右拳。左腿弓，右腿蹬，成左弓步（圖65～圖67）。

圖65　圖66

圖67

突然有敵自東來，上步轉身圈轉圓。
右拳乘勢向東擊，右足進步休寬緩。

第二十一勢　攬擦衣

承上勢，左腳原位不動，順其右拳向前衝擊力，右腿隨右拳自然向前上一步，面向北。右手從右收到胸前轉夠一圈再向右伸展，右足從右收至左足邊，再由左向右開步，開步後兩足相合。左手由兩乳間向下向左，落於左腰間叉住腰。右手向右伸展與肩平，鬆肩沉肘，兩手有內合外開之意，眼看右手中指。纏絲法與前第二勢攬擦衣相同（圖68、圖69）。

圖68　圖69

右手從西向東摧，一去一來手足隨。
左屈右伸藏妙訣，開中有合會天機。

第二十二勢　單　鞭

承上勢，左手與右手相合，左手與右手皆用逆纏法由外向裏一開一合轉一圈，兩手合於胸前。右足在本位不動，右手向下向右逆纏向東展開胳膊，右手變勾手，勾尖向下。左手領左足先收至右邊，足趾點住地，用逆纏法與上體兩手一齊合住，然後左手與左足向左開一大步，左胳膊向左展開，微向前彎，眼隨左手運行。左膝屈住，成左弓步，兩膝

圖70　圖71

外往裏合，頂精領住，塌腰泛臀，鬆肩沉肘，氣沉丹田（圖70～圖74）。

圖72　　圖73

圖74

左手為主右手賓，內圓外方顯精神。

巧技全憑先一引，一勢更比一勢奇。

第二十三勢　運手（亦名左右雲手）

承上勢單鞭，左手往上一領，右肩鬆下，右手用順纏法，自右收到右脅前，復自下而上轉向右，右足隨右手收回，復轉向右開步的同時，左手與左足亦隨右手右足向右，右手右足皆用順纏法。當右手向右運時，左手自上而下收到左肋前，即轉向左運行，左足隨左手收回，即轉向左開步的同時，右手與右足亦隨左手左足向左。左手左足皆用順纏法，左右手足分別運行一周。如此更迭運轉，不拘遍數。左手管左半身，右手管右半身，上行之手為主為陽，下行之手為賓為陰，眼隨上行之手。左右兩手以鼻為中界，高不過眉，低不過臍，左右不越中界，頂精領起，襠開圓（圖75～圖78）。

一往一來運一周，上下氣機不停留。

向左手足皆向左，左上右下次莫亂。

向右手足亦向右，手足更迭意相貫。

圖75

圖76

圖77

圖78

第二十四勢　高探馬

承上勢，左手運到左上方，右手收到右乳前。右腳隨右手收到左腳邊，再從左向右退行一步。右手領左手自上而下行，右手自左而右用逆纏，左手用順纏。左足即向右退行一步，插在右腿之後，落在右足之東，然後以右足跟、左足尖為軸，左右手一齊隨身倒轉過來，面向南，右手在上，左手在下，兩手相合落於胸前。左足趾點地，胸向前合，眼看右手，襠開圓，勢成之後上下一齊合住（圖79～圖81）。

圖79　　圖80

圖81

上下手足意相隨，後往前轉莫遲疑。
只分身法轉不轉，擊法各有各新奇。

第二十五勢　右擦腳

承上勢，右手從左腋前自下而上向前繞一圈，用順纏法從上往下打右腳面，右足即從下抬起以應右手。左手用逆纏法，手腕向下往後展開胳膊以助右手之力。頂精領起，臀部向下塌，左足用力踏穩，膝微屈，眼看右手右足（圖82、圖83）。

圖82　　圖83

七言絕句

先將左足往前橫，上抬右足面展平。
右手從左繞出打，上打下踢兩相迎。

第二十六勢　左擦腳

承上勢，右擦腳畢，右腳隨身向右順轉，面向北立定，右足在前，左足在後成交叉步，足趾亦向北橫立。左手用順纏法與右手先一合，然後右足獨立，左手從右腋前由下向上向左打左足面，左足向左上抬起以應左手，右手用逆纏法向下往後展開胳膊以助左手。頂精領起，眼看左手，臀部往下墜，

圖84　　圖85

右足用力平踏，身向前合，臀部微向後霸。不然則前重後輕，立而不穩（圖84、圖85）。

七言絕句

面從南方轉向北，右足立定左足飛。
左手合掌向下打，上踢下打快如風。

第二十七勢　勢中單鞭（亦名蹬一跟）

所謂中單鞭，並非以數而論，而是以中正、不偏不倚而言，他勢皆左右手拉開，此勢則以膻中為界，兩手從此同時平分而運，故以中單鞭名。

承上勢，左擦腳後，或以左足先落地再逆轉

圖86　　圖87

身，或以左足未落即以右足跟為軸向左倒轉過來，由北而面向南，左右兩手落至胸前，肘屈住，然後兩手皆用順纏法自中分開。右足獨立，足底用力踏穩。左右兩手不分先後向左右展開，左足與左手同時向左用力蹬出，上邊頂精領好，下體右足踏穩，中間胸向前合，臀部向後下墜，有上下、左右兩奪之前意，必令左右用力均平（圖86、圖87）。

身法端莊正無偏，浩然元氣貫中間。
兩手忽聚又忽散，左右舒展列兩邊。
右膝微屈根基牢，再看左足半空懸。

第二十八勢　擊地捶（亦名下演手捶）

承上勢，左足向東蹬畢，左足落下即向東開一步。右足越過左足向東再開一步。左足再越過右足向東再開一步，向東連開三步。左右手隨左右足用逆纏法更迭運行。待左足再向東開步左手轉向上時，左腿弓，左膝屈住，右腿蹬，腰彎下，上邊頂精領好，中間襠撐圓，下邊兩足踏穩，右捶向地面上擊一捶，此謂下演手捶（圖88～圖91）。

圖88

圖89

圖90

圖91

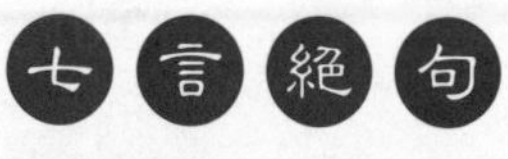

向東連上三大步，擊地全憑腰大彎。
上邊頂精向上領，兩足踏穩襠開圓。
隨機腰胯一扭轉，弟兄二人跌兩邊。

第二十九勢　踢二起（亦名二起腳）

承上勢，下演手捶畢，右手向右向上順轉一圈，先以左手領左足向右向上踢起，為右足設勢，當左足未落地之際，右足隨身往空中躍起，以應右手打右足面，左手倒轉一圈以助右手。足上踢越高越好（圖92～圖95）。

二足連環起，全身躍半空。
不從口下踢，何自面流紅。

圖92　圖93

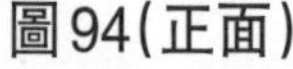

圖94（正面）

圖95（反面）

第三十勢　獸頭勢（亦名護心拳）

承上勢，二起足落地，右足落地踏實立穩，左足抬起由前向右轉，面向北。左足落前偏左，足趾點地。左右手從左膝上方皆用逆纏分開，右手落於右額前，左手落於左腹前，兩膝屈住，襠開圓，頂精領好，眼平視前方，胳膊外方內圓（圖96、圖97）。

四言絕句

右股要屈，左股要束。
左足點地，似直非直。

圖96

圖97

右拳在額，左拳在膝。
上下相顧，護我心腹。

第三十一勢　左踢一腳

承上勢，護心拳，右足用力踏穩獨立，左足抬起向左上方猛踢。左右兩手皆用順纏法一齊向左右兩側展開，以助左足之力，兩臂與肩平。頂精領好，右膝微屈（圖98～圖100為老式）。

五言絕句

左足朝上踢，局外皆不識。
不到危急時，襠中不能踢。

圖98

圖99

人皆尚右我尚左，並非奇謀獨數我。
只為防身能取勝，因此攻左較穩妥。

圖100

第三十二勢　右蹬一跟

承上勢，左踢一腳之後，左足被人捉住，吾即逆纏轉過身向下，迅速以兩手用力捺住地，以右足向後上方蹬對方之手，頂精領好，全神貫注右足跟。此為老式右蹬一跟。

新式蹬一跟，承上勢，左踢一腳之後，左足向上踢罷，由左前而右轉面向南，左足落地踏穩，右足抬起向西用力蹬，左右手與右足一齊運行，左拳向東，右拳向西，胳膊展開與肩平。

老式最難，新式較易，以新式為主（圖101）。

圖101

左足向西朝上踢，兩手捺地似虎力。
倒懸身法蹬敵手，翻身演手照胸擊。

第三十三勢　演手捶

承上勢，蹬一跟畢，右足用逆纏法轉過來落住，左足向西上一步，左膝屈住，成左弓步。右手握住拳，合住勁向左擊之；左手落在左肋前，摳住手腕以應右手。頂精領好，兩足踏穩，腰襠勁皆下去，眼看右拳。左右胳膊不必伸展，如敵去吾遠，不妨連步以進，或一步、或兩步、或三步（圖102～圖104）。

圖102　圖103

圖104

七言絕句

第三演手面向西，入險出險任人欺。

再將左足進一步，請看神力無人比。

第三十四勢　小擒打（亦名小擒拿）

承上勢，演手捶，如敵方離吾稍遠擊之無力，故向前進一步擊之。然欲進左足必先進其右足，因左足在前不能再進，必先進右足而後左足方可向前再進一步。左手向上一提，右拳變掌從左手下順纏，由下而上轉一圈，手指朝下向前推行，左手逆纏一圈，肘屈住以應右手。步形大小可根據距離遠近而定，右足進步可以涉過左足之前，亦可落在左足之後，成左弓步（圖105、圖106）。

演手肱捶感覺遠，右足跟隨左足前。

圖105

圖106

左足迅速進一步，以助右拳再向前。
左手提起似遮架，右拳變掌擊丹田。

第三十五勢　抱頭推山

承上勢，小擒打，左腿與左右兩手在西，右腿在東。左手在上，右手在下，兩手同時向上向右轉身，面向東。右腳抬起向東落於原位，左腿轉變為後，左右兩手從右膝下分開向上抱頭，自上而下向前推出，向前推出時有向上之意。右腿前弓，左腿後蹬，兩足趾向東用力踏實，肩與肘與手一齊合住，周身一齊用力（圖107～圖110）。

圖107

圖108

圖109

圖110

轉身抱頭往前推，右腿屈住左腿展。
足底用力蹬著地，頂精領好襠撐圓。
膀力運到雙掌上，兩手托胸似推山。

第三十六勢　單　鞭

承上勢，抱頭推山，兩手承用力向前推之勢，由上而下，由裏而外向左右兩側分開，為陽引陰進之法，左右兩手先用逆纏法相合，隨身由面向東轉向北，然後右手撮住指向前逆纏一小圈，與左手相應。右足在原位不動，左足隨左手先收至右足邊，然後用順纏法向左開步，左胳膊用順纏法向左展開，左腿弓，右腿蹬，成左弓步，右足趾微向裏勾住。眼看左手中指，頂精領好，塌腰泛臀，襠開圓（圖111～圖114）。

圖111　　圖112

圖113

圖114

雙手抱頭向東推，又有敵人自西追。

想用別勢來不及，惟有單鞭最適宜。

第三十七勢　前　昭

何為前昭？眼向前看其左手為前昭。

承上勢，單鞭，左手往上一領，自南而北轉一小圈，左足隨左手向右前東北方向上步，左胳膊在左膝上方，似展非展，似屈非屈，眼看左手。右足在原位不動，右手隨左手自南而北亦轉小圈，背住胳膊。總之必令一身上下相隨，一氣貫通（圖115、圖116）。

眼看左手是前昭，上領下打把客邀。

任他四面來侵犯，百戰功成稱英豪。

圖115

圖116

第三十八勢　後　昭

何為後昭？眼看右手。前和後之分，是指前勢單鞭面向而言，面為前，背為後。前昭時左手順轉，右手倒轉，以左手為主，右手為賓。後昭左右手皆用順纏法，右手從後順轉過來，以右手為主，左手為賓，向南而北轉一圈，右足隨右手向右前上步，右手落在右膝上方，右胳膊似展非展，似屈非屈，手與肩平。右膝屈住，足趾向東。左手落於背後，眼看住右手（圖117）。

陡然一轉面向東，無數敵來無數攻。

不是此身靈敏極，身後可能被人窮。

圖117

第三十九勢　野馬分鬃

承上勢，後昭，右手在前在上，左手在後在下，右手順纏上領，左手由下順纏到上，則右手到下，右手到上則左手到下，右腿隨右手，左腿隨左手，左右交替更迭運轉，步法隨手法一齊並運，愈快愈好。此勢是大鋪身前進脫身之法，上邊頂精領住全身，下邊兩膝屈住，襠愈下愈好，一身之靈活全在手眼相隨（圖118～圖120）。

圖118

圖119

圖120

一人獨入萬人中，將以何法御英雄。
惟有飛風披左右，左右連環建奇功。

第四十勢　單　鞭

承上勢，野馬分鬃，左手左足到前落住，右手領右足向東上一大步，當右足向東躍時，右手從下斜插上去用順纏法繞一圈。右足落住踏穩，然後左足向西開步，左手用順纏法拉開單鞭。身法、手法、步法及眼法皆與第一單鞭相同（圖121～圖124）。

兩足箭步向東趟，右手隨身向東方。
只要頂精領得好，連身帶肘似鷹揚。

圖121　圖122

圖123

圖124

第四十一勢　玉女穿梭

此勢是大轉身法，向東連進三大步方夠一大圈。

承上勢，單鞭，左手上領，右肩鬆下，右勾手變掌向左引，左手逆纏向右，運到胸前兩手相合。左右足在原位不動，以足跟為軸隨身亦向右（東）轉，面向東，左足踏實，右足收至左足前，足趾點地。右手領全身由下而上縱起，而後雙震腳，左先右後落地。然後右足先向前躍一大步，右足落地即啟左足進步之勢，左足隨身轉向東又進一大步，面向南。左足落地，右足即隨右手向左，右手落在胸前以應左手。右足向左腿之後插步，足掌點地。兩手領身，以左足跟、右足掌為軸向右後轉體，面向北，轉夠一大圈，右足再向東開一大步。穿梭換掌手法與步法同時，進左步左手在前，進右步右手在前。手法、身法、步法愈快愈好。眼與手相隨。

玉女穿梭，自始至終以右手為主，右手右足皆是順纏，而左手及身法皆是逆纏，連進三步，絕無退步之說（圖125～圖128）。

天上玉女弄金梭，一來一往織凌羅。

誰知太極圖中象，一片神行自古稀。

圖125

圖126

圖127

圖128

第四十二勢　攬擦衣

承上勢，玉女穿梭第三步轉過身來，左足在原位不動，左手用逆纏法引領右手從右到左，然後自下而上轉夠一大圈，右手用順纏法向東展開胳膊，左手落在左肋前，兩手有內合外開之意。右足隨右手自東先收到左足邊，點住腳，然後再隨右手向東開步，成右弓步，眼看右手中指。上下身法、手法、步法及纏絲法一切皆與第一攬擦衣相同（圖129）。

圖129

第四十三勢　單　鞭

此勢單鞭，上下身法、手法、步法及眼法、纏絲法皆與前第一單鞭相同（圖130～圖133）。

圖130

圖131

圖132

圖133

第四十四勢　運　手

此勢運手上下身法、手法、步法及眼法、纏絲法與前運手相同（圖134～圖137）。

七言絕句

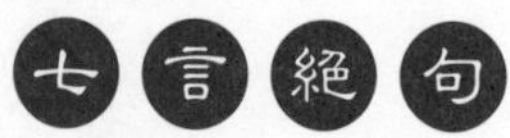

一來一往手再運，旋轉與前不差分。
只是步法有區別，左足特殊啓下文。

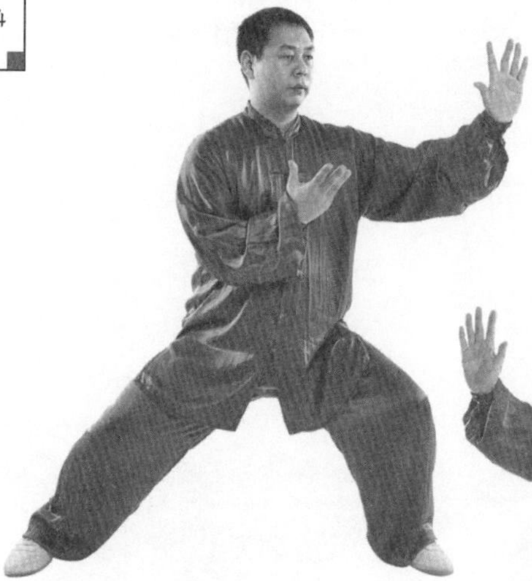

圖134

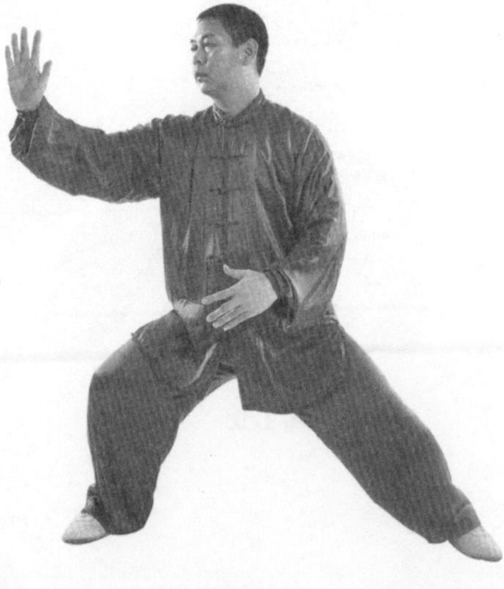

圖135

圖136

圖137

第四十五勢　擺　腳

承上勢，運手，當右手到上、左手在下時，左手引領右手先向左，由下而上轉一大圈，展開胳膊向右停住。右足自右向左抬起與胯平，左腿獨立，膝微屈，足踏穩，右足由右向左再向右橫擺，兩手相迎，手足相迎之後，右足有下落之意，其實未落下，擺腳之界至此。擺腳時，上體頂精領好，臀部微向下坐，保持重心穩定（圖138～圖140）。

圖138

圖139

圖140

擺腳一勢最難傳，左腿獨立右足懸。

豈知太極有妙用，手足平衡萬事安。

第四十六勢　跌　岔

承上勢，擺腳畢，右足落地踏穩，左足即從右足跟裏側依地向西南用力蹬出，其意如月形，左手隨左腿一齊伸展，以助左足。右腿屈住貼於地面，成左仆步。右手在右亦大有欲助左足之意。頂精領好，眼看左手（圖141）。

圖141

上驚下取君須記，左足擦地蹬自利。
右股屈膝挨住地，盤根之中伏下意。
誰料妙機難預定，解圍即在一蹬中。

第四十七勢　金雞獨立

何為金雞獨立？如雞一腿獨立，一腿蹺起，象形。此勢以回應前右擦腳。

承上勢，右腳往上擺，左足下擦地，全身精神往上提，左足大趾與足跟用力前合，兩手有上領前推之意，全體一齊用力向前。即將起來時，右足用力往後蹬，左手領身向前向上，重心移至左腳，左手上行至左肋之後垂直向下，右手與右膝一齊上行，右手向上伸展，右膝上行與小腹平（圖142）。

圖142

一條金蛇托玉堂，忽然飛起似鷹揚。

只說右手沖上去，誰知右膝也難防。

第四十八勢　朝天燈

何為朝天燈？左手掌朝上，如舉燈在上，象形。此勢回應前左擦腳。

承上勢，右手上頂畢，右手右膝氣往下行，右足先落地，與肩同寬。左手由左大腿前向上行，展開胳膊直沖上去，手掌朝天，左膝屈住與左手同時向上行，膝與小腹平。以腰為中界，右手、右膝氣往下行，左手、左膝氣往上行，以腰為中界，有上下兩奪之意（圖143）。

圖143

右足落下左足懸，左掌上伸燈朝天。
英才若會其中意，反笑金雞一脈傳。

第四十九勢　倒捲紅

此勢與前倒捲紅相呼應，又與前野馬分鬃相反照應，彼是前進之法，此是往後退行之法。

前勢左手左足同時而起，此勢左手左足亦同時而下，左手向下向後如摟物，左足下行不落地即向後退行一大步。待左手左足落下，右手右足亦向後展開退行一大步，先左後右更迭退行三至五步，至左手與左足俱到後邊為止。左右手與左右腿皆是倒纏法。手法、身法、步法、眼法及纏絲法與前倒捲紅相同（圖144～圖146）。

圖144　圖145

圖146

左右倒捲快如風，一上一下甚平均。
全憑太極眞消息，退行也是大英雄。

第五十勢　白鵝亮翅

此勢純是引進之法。承上勢，倒捲紅左手到下，右手領左手從右到左，先轉一小圈，右足亦是隨手先轉一小圈，然後再從左向右開步，左足隨右足向右，兩足相距與肩同寬，左足趾點住地，成左虛步。兩手落至右胸前，右手高與肩平，左手略低於右手，眼看兩手中指。身法、步法、纏絲法一切與前白鵝亮翅相同（圖147、圖148）。

圖147

圖148

第五十一勢　摟膝拗步

此勢手法、身法、步法、眼法與纏絲法一切與前樓膝拗步相同（圖149、圖150）。

圖149

圖150

第五十二勢　閃通背

此勢手法、身法、步法、眼法與纏絲法一切與前閃通背相同（圖151～圖155）。

圖151　圖152　圖153　圖154　圖155

第五十三勢　演手捶

此勢手法、身法、步法、眼法與纏絲法一切與前演手捶相同（圖156～圖158）。

圖156

圖157

圖158

第五十四勢　攬擦衣

此勢手法、身法、步法、眼法與纏絲法一切與前攬擦衣相同（圖159、圖160）。

圖159

圖160

第五十五勢　單　鞭

此勢手法、身法、步法、眼法與纏絲法一切與前單鞭相同（圖161～圖165）。

圖161

圖162　　圖163

圖164

圖165

第五十六勢　運　手

此勢手法、身法、步法、眼法與纏絲法一切皆與前運手相同（圖166～圖169）。

圖166

圖167

圖168

圖169

第五十七勢　高探馬

此勢手法、身法、步法、眼法與纏絲法一切與前高探馬相同（圖170～圖172）。

圖170

圖171

圖172

第五十八勢　十字腳

承上勢，高探馬畢，右手先領右足微向右轉，面向西南。然後左手領左足向左前斜開一步，重心移至左腿，右手攬腹落在左脅前，左手屈住胳膊橫在右胳膊之上，然後右足自左而右橫擺，左手自右而左用手背擊打右足面。右手從左腋前掏出，肘尖向上，向後擊。

人制我兩手，以外靠打之，我制人兩手，以裏靠打之。此為十字腳之妙用（圖173、圖174）。

圖173

圖174

兩手交叉在胸膛，上下四旁皆可防。
豈知太極有妙用，無數法門心內藏。
奇計奇謀原無定，有智全憑用當場。
人制我手外靠打，我制人手裏靠防。

第五十九勢　指襠捶、青龍出水

承上勢，十字腳，待右足擺畢，右肘自上向後向下，右足隨身向右轉半圈，面向東北。待右足落地，左足向左前開一大步，左手握拳，屈肘向身後發力，以助右拳之力，右拳即從身前向右前方擊敵人之襠，此謂指襠捶。

指襠捶下名青龍出水。青龍出水，是指襠捶與下勢單鞭夾縫中的運行過程，指襠捶是青龍出水的前半勢，青龍出水是指襠捶的後半勢，合之為一勢。

指襠捶運行畢，先將右肩鬆下，右半身隨之俱下，然後再涉起來向右縱，縱時右手先領其右半身自右向左收，然後右足再自左向右，用順纏法自左向右縱一步，左足用逆纏法向右跟一步，上體頂精領好，下體兩足用力往下一蹬，上下一齊往右前縱，「騰空一躍飛天上，翻捶吊打進莫遲」（圖175、圖176）。

圖175　　圖176

衆敵環攻難出群，左肱右足掃三軍。
轉身直取要害處，降得群敵亂紛紛。
翻捶吊打進莫遲，如龍出水倍精神。

第六十勢　單　鞭

承上勢，青龍出水，左右兩手先從外向裏一合，右足在原位不動，右手逆纏向右亦轉一小圈，胳膊向右伸開，撮住指，成右勾手，然後左手順纏由下而上繞一小圈，再向左伸開胳膊，手指自然伸展。左足隨左手向左開一大步。兩手相合，眼看左手中指，兩膝與兩足亦相合，襠自然開圓。其餘身法、步法、眼法、纏絲法一切皆與前單鞭相同（圖177～圖180）。

圖177　圖178

圖179　圖180

第六十一勢　鋪地雞、上步七星

前半勢名鋪地雞，後半勢名上步七星，勢成與金剛搗碓相似。因左右手形象七星，故以上步七星名之。

承上勢，單鞭，左右手相合而後開，兩足在原位不動，身下去似坐非坐地，左手左胳膊隨左腿向左伸展，腿肚與足跟依住地，右膝屈住依著身。起來時左足大趾與後跟內側皆用力，與右足相合，頂精上領，右手用順纏法向左，有欲前擊之意，左足原位不動，足趾朝西，右足向前上一大步，右足趾點地，成右虛步。左手逆纏而上繞一圈落於胸前，左手為掌與肩平，右手為拳順纏自後而前向上繞一圈，落於左掌內側。兩膝微屈有下坐之意，兩手由裏向外纏繞推出的同時，右足跟用力下蹬，以助兩手向前推出（圖181～圖183）。

未被人推身落地，下驚上取君須記。

人知掃腿防不住，豈知七星更精神。

太極人身處處皆，但看用功不用功。

只要日久能無懈，妙理循環自然通。

圖181

圖182

圖193

第六十二勢　下步跨虎

承上勢，右足向後退行一大步，屈住膝，足平踏地。右手與左手從胸前平分而下，右手從前向後倒轉一圈向前，橫屈胳膊落在右額前，掌心向外與眉同高，左手亦倒轉一圈從身前運至身後。左足亦退行一

圖184　　圖185

步，屈住膝，足趾點地，與肩同寬，頂精上領，塌腰泛臀、襠開圓，眼看右手中指（圖184、圖185）。

七言絕句

平分兩手臂上泛，身軀猥縮似猿猱。
右手上托山嶺壓，左肱下落虎身後。
會陰虛靈襠撐圓，上視右手中指甲。

第六十三勢　擺腳、當頭炮

承上勢，下步跨虎，右手在前在上，左手在後在下。右手向左順纏將左手引出，隨身漸向右轉，左足亦隨身向前開一步，踏穩後，右足隨身向右後倒轉開一步，落在左足之後，兩腿相依，成交叉步，右足趾點地，然後以左足跟、右足尖為軸向右後轉身，面向南。兩胳膊隨身轉過來向西北方展開，右掌心朝左，手高與肩平，左手低，屈肘與乳平。左足獨立踏穩，然後右腿抬起與胯平，自南向北橫擺，左右兩手自北向南橫擊右腳外側，擺腳界此。

右足擺畢落在原位。左右兩手變拳自上而下，從後向前轉一大圈，落於胸前，左拳在前，右掌在後，高與肩平。左腿弓，右腿蹬，成左弓步。眼看兩拳之間，頂精領好，塌腰泛臀，襠開圓，兩拳與兩足、兩肩與兩膝皆由外向裏合，全神貫注兩捶（圖186～圖192）。

闢闔剛柔順自然，
一揚一抑理循環。
當頭一炮人難禦，
動靜形消太極拳。

圖186

圖187　圖188　圖189

圖190　圖191(反面)　圖192(正面)

第六十四勢　金剛搗碓

一開一合，拳術盡之。左手左足在前，右手右足在後，左右兩拳變掌自下而上向前轉一圈，右手領右足向前上一步，與左足齊，兩手落於胸前，其餘手法、身法、步法、眼法及纏絲法皆與第一金剛搗碓相同。依據陰陽變化之理，第六十四勢金剛倒碓面向南終止而收勢。

終而復始，始而又終，循環不窮。為強身健體，一遍可，十遍亦可，不拘遍數，有精力儘管練，無力即止，不必強為，順其自然，細心揣摩，妙居其中（圖193～圖196）。

圖193

圖194

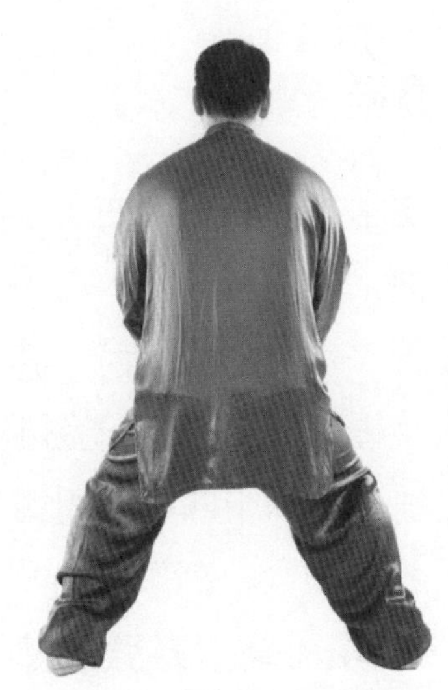

圖195

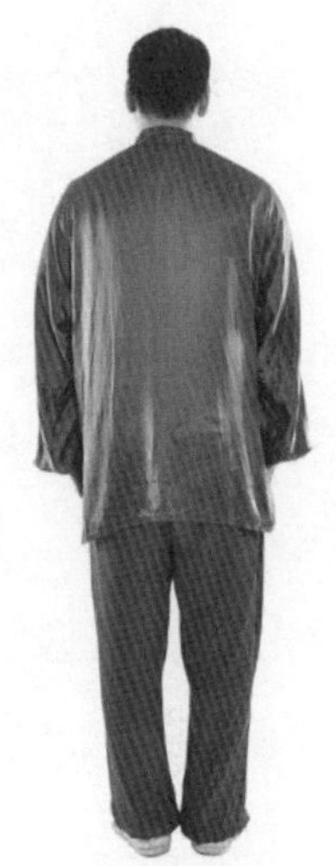
圖196

七言絕句

上打咽喉下打陰，左右兩肋並中心。
下廉上鼻兼封眼，勸君手下留三分。

太極拳纏絲法

1. 人身纏絲正面圖

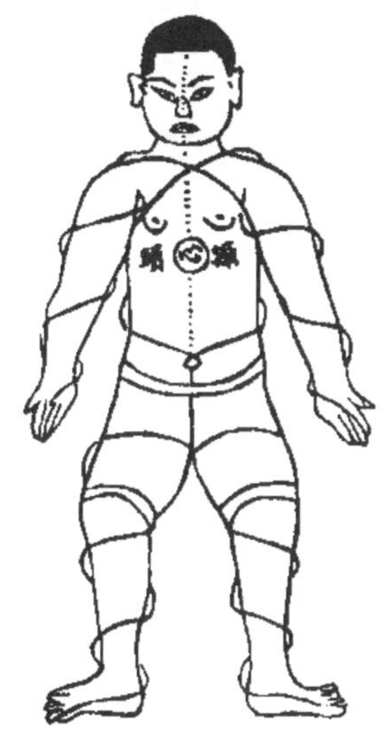

正面圖

渾身俱是纏勁。大約裏纏、外纏，皆是隨動而發。有左手前、右手後，右手前、左手後，而以一順合者；亦有左裏合，右背合者；亦有用反背勁，而往背面合者。各因其勢之如何，而以自然者運之。

足大趾待手氣走足後，乃與手一齊合住，此時方可踏實。其勁皆發於心，內入於骨縫，外達於肌膚。是一般，非有幾股。勁，即氣之發於心者，得其中正則為中氣，養之即為浩然之氣。

2. 人身纏絲背面圖

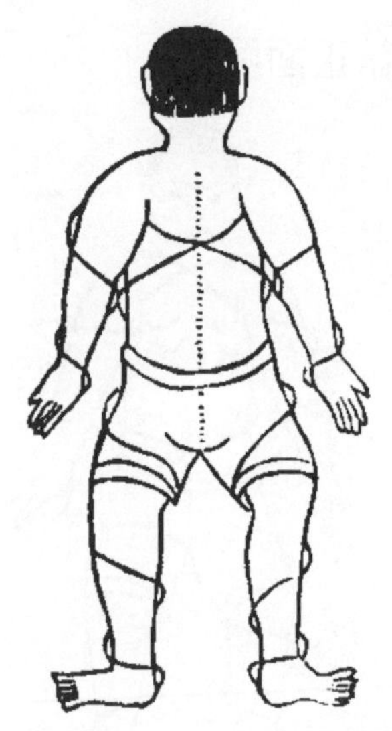

背面圖

背面靠頂為頂勁，大椎為分路，分路下為膂，正中骨為脊，兩腎為腰。足之虛實因乎手，手虛足亦虛，手實足亦實。

3. 順纏與逆纏

兩手以中指領精，小指由外向內旋轉纏繞為順纏，拇指由內向外旋轉纏繞為逆纏。以時鐘旋轉方向而論，右手順時針方向旋轉纏繞為順纏，相反方向纏繞為逆纏。左手順時針方向旋轉纏繞為逆纏，相反方向纏繞為順纏。

右手順纏圖

左手順纏圖

4. 纏絲精論與纏絲精的用法

太極拳纏絲法地。近纏、退纏、左右纏、上下纏、裏外纏、大小纏、順逆纏，而莫非即引即纏，即進即纏，不能各是各著。若各是各著，非陰陽互為其根也。

至於纏絲精的用法，有出精與蓄精之別，如演手捶，欲用出精者，則胳膊展開；欲用蓄精者，胳膊半屈，右捶落左手腕中。出精者，胳膊展足，精似出乎捶之外，故可擊遠，不可擊近。蓄精者，精皆蓄捶之內，遠者可伸肱以擊之，即近在我身，胳膊勿須伸展，捶一合即能擊之，故出精不如蓄精。

動則生陽靜生陰，一動一靜互為根。
得到悟有環中趣，一動一靜見天眞。
陰陽無始亦無終，來往屈伸寓化工。
此中消息眞參透，圓轉隨意運源蒙。

5. 太極拳纏絲精示意圖

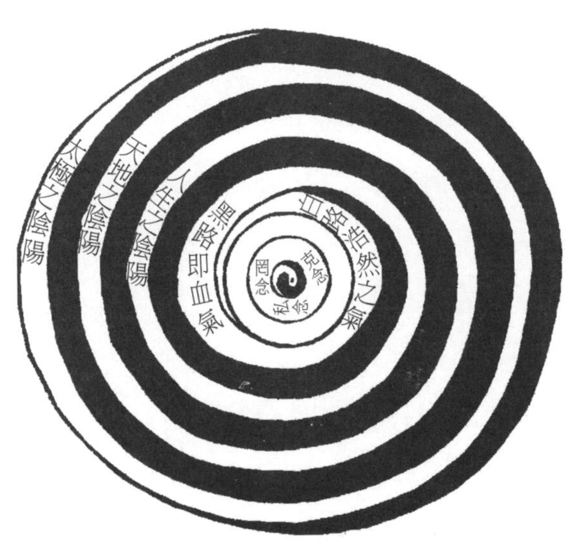

「吾讀諸子太極拳圓圖，而悟打太極拳須明纏絲精。纏絲者，運中氣之法門也。不明此即不明拳」。（陳鑫注）

此纏絲精圖是陳鑫依據明代著名易學家来知德所著太極圖，螺旋纏繞運轉之理抽象繪製而成。此圖黑白二路即陰陽螺旋纏繞之氣機，生生不息，連綿不斷：中間圓圈即為太極本體。以人體而論，中間圓圈即為人體丹田，打太極拳本體丹田中氣運轉，引導肢體螺旋纏繞，使之精、氣、神生生不息，連綿不斷，充分體現易理與太極拳運動規律有機的結合。這種由丹田之氣運化而出的纏絲精，即為太極拳的精髓。纏絲精是通達太極拳精微入妙的核心，所以陳鑫強調：「打太極拳須明纏絲精，不明此即不明拳。」

請靜下心觀看此圖，向右順纏旋轉，即如同緊螺絲，開始旋轉的圈愈大、愈鬆、愈柔。而後，愈緊、圈愈小、愈剛。又如同彈簧，纏得越緊，膨脹力與反彈力即越大。太極拳大圈與小圈的關係即如大齒輪與小齒輪的速比相同，大齒輪帶小齒輪速度快，但扭力小；小齒輪帶大齒輪速度慢，但扭力大，所以陳鑫說打太極拳圈愈小愈好，愈小小到無可小，極小之中藏神妙。

纏絲精——陳氏太極拳之精髓。太極拳運動

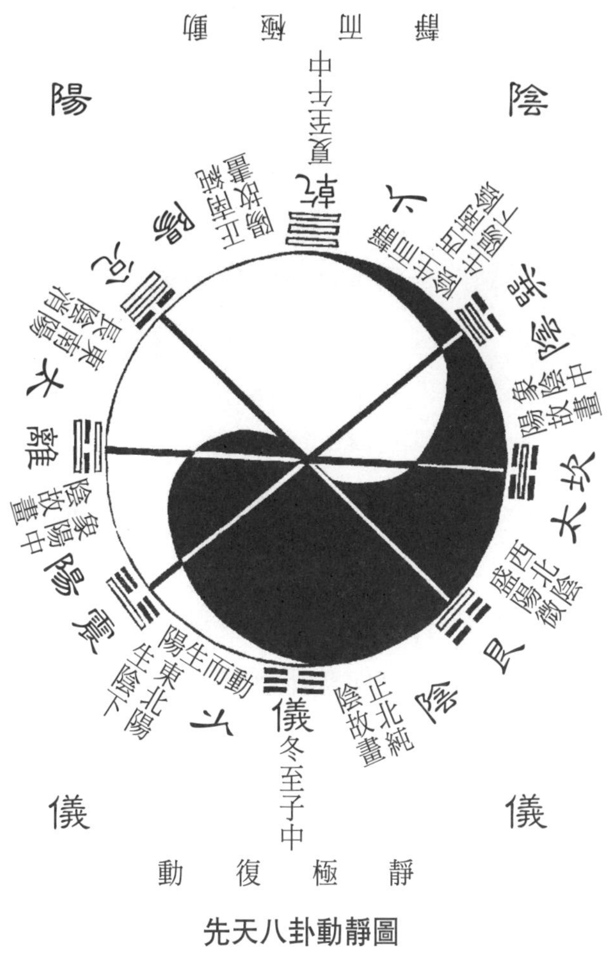

先天八卦動靜圖

中，以意念引導肢體螺旋纏繞，所產生的內氣亦稱為中氣（心氣即中氣，中氣即浩然正氣），又以內氣為動力，循環支配人體螺旋形的屈伸合開，形成一種特殊的勁，陳鑫將此稱為「纏絲精」，亦稱「纏絲法」。打太極拳不外乎一個圈，圈在太極拳運動中無處不有，亦可以說無圈不成拳。凡手足一開一合，一屈一伸皆要令其轉圈，轉圈非用纏絲法不可。所謂纏絲法，通常分為順纏和逆纏兩種，簡單說：右胳膊和右腿旋轉的方向與時鐘旋轉一致的稱順纏，與此相反的稱逆纏。左胳膊和左腿旋轉方向與時鐘旋轉一致的稱逆纏，與此相反的稱順纏。如：攬擦衣一勢纏絲法，右手用順纏法，左手用逆纏法，皆由指肚上纏至腋而後止，左右足皆由內而外斜纏至大腿根以及會陰。一勢既成，要做工到神氣積聚而不散，說合上下一齊合住，合不到會陰則無襠勁。

習練太極拳對腰襠部位的要點不可不知，一開一合，一動一靜，腰與襠相互作用是關鍵。腰部的要點有三，即活腰、塌腰、擰腰。襠部的要點有三，即鬆襠、合襠、扣襠。活腰時須鬆襠，不鬆則滯；塌腰時須合襠，不合則浮；探腰時須扣襠，不扣則散。塌腰合襠為蓄勁，活襠鬆腰為柔勁，惟發努時須擰腰扣襠。其勁皆由心發，周身之勁皆隨意動而發。打太極拳離不開纏絲，離開纏絲即索然無味。所以陳鑫說：「打太極拳須明纏絲精，不明此即不明拳。」

一日混沌氣象與太極拳引進落空示意圖

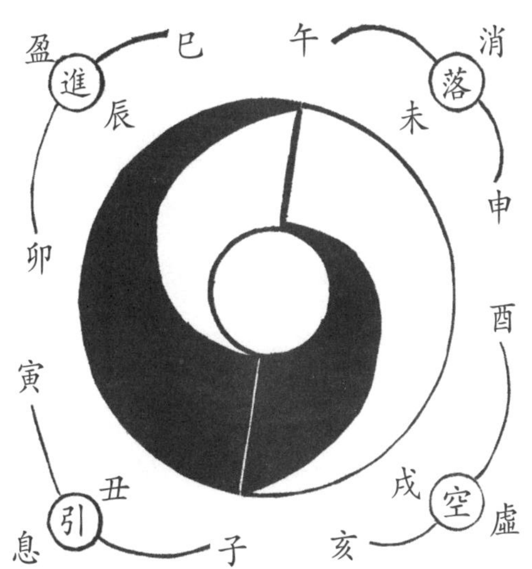

太極拳如一日之氣象，萬古之始終者也。一日有晝有夜，有明有暗，萬古天地即如晝夜。

做大丈夫，把萬古看作晝夜，此襟懷如海闊天高，只想做聖賢出世，而功名富貴，即以塵埃視之矣（耒注）。自子至丑、寅，我之引，即息也。自卯至辰、巳，我引之使進，即長也。自午至未、申，即敵之盛氣盡處，即我之轉關處，亦即擊人之處。敵不得勢，其氣即消滅，不能不有落腳之地，所謂落也。酉、戌、亥即敵之虛，惟虛故空，能不失敗乎！是拳之引進落空，亦一日之盈虛消長也。

「白者為陽，黑者為陰，中間一圓圈即為太極之本體。本體即為先天之中氣，本體中氣一運轉即產生陰陽。」以人體而論，中間一圓圈即為人之丹田，打太極拳人體丹田即為本體，丹田內轉，以意行氣，以氣催形，依據陰陽變化之理，引導肢體螺旋纏繞，使之虛實開合連綿不斷，引進落空，生生不息。

為了使太極拳後學者遵循天地陰陽變化之理，指導太極拳運動循自然運行之規律，陳鑫以一日十二時辰陰陽變化示意圖，詮釋太極拳虛實開合、引進落空，即為息、盈、消、虛之理，以此使後學者加深理解天地陰陽變化與太極拳順其自然纏繞的關係，更直觀地理解陰陽與虛實，引進與落空的相應關係與妙用。

引進落空示意圖，以晝夜12時辰為例，晝12時為陽，夜12時為陰。子時為零時，子、丑、寅時為純陰，即太陰，卯、辰、巳時為少陰，是由陰變陽

的過程，以此比喻我引使進的過程。午、未、申時為純陽，即太陽，酉、戌、亥時為少陽，以此說明陽變陰即使對方落空的過程

淺談太極拳推手的練法與用法

雙人推手，原稱「擖手」（陳家溝方言，較手的意思）。掤、捋、擠、捺、採、挒、肘、靠是雙人推手之大法，亦稱葛手之大綱。

掤、捋、擠、捺、採、挒、肘、靠是螺旋纏繞

圖1

表現出不同形式的勁別，它既是勁別的表現形式，亦是我攻防的不同手段，簡稱為太極拳的八勁八法。它既是基本功法，也是習練推手的基本方法。在平時習練過程中，兩人較手以左右手相接，一進一退，彼掤我捋，彼擠我捺，進退沾粘連隨，不丟不頂順其自然，陳家溝人有時亦稱其為「轉圈」。掤、捋、擠、捺一字一意，一字一句皆含有推手運行之意。

圖2 掤

圖3 捋

在掤、捋、擠、捺的運行中，我以右肱向上謂掤：我以右肱掤住對方之手，而對方將身向後一退，以兩手捋住我右肱向下謂捋；我以右肱向前，對方捋我，我以右肩向前謂擠；我以左手撥對方之手，對方隨勢向下捺我左肱謂捺。

兩人推手，彼掤我捋，彼擠我捺，或我掤彼捋，我擠彼捺。掤與擠皆用一肱一肩，捋與捺皆用兩手，彼此相同，一進一退，循環運行。

兩人推手，彼以柔來，我以柔往，彼以柔法聽我，我以柔法聽彼，彼進我退，順其自然，彼引我進，決不過界，過界則失去重心，必敗。如彼引我至界，無隙可乘，彼仍以柔如故，我應當退守，看好自己的門戶，決不可貿然使進，更不能中途變柔為剛，此時我應當仍以柔道聽彼，待有機可乘，以引彼進，彼若不進，說明彼是智者。彼若因我引而誤以為我膽怯，貿然使進，將我之手稍低於對方之

圖4　擠

圖5　捺

圖6　採

圖7　挒

手，徐徐引之，令其不得不進，彼愈進則力愈微，我愈引則力愈大，至對方不得勢，是時，引至我界內肱一轉便擊，左右亦然。擊人之妙全在於此。

推手以掤、捋、擠、捺四正手法為主，以採、挒、肘、靠四偶手法為輔，它們的相互作用既對立、又統一，採、挒、肘、靠的妙用始終與掤、捋、擠、捺相輔相成。

在推手的運行中，八勁八法始終在相互矛盾中求生存，同時亦在矛盾中求發展。能否掌控推手的主動權，關鍵在於基本功的紮實程度及內勁的虛靈程度；能否合理巧妙地運用八勁八法，始終與身法是否中正，肩肘是否鬆沉，腰襠是否圓活，下盤是否穩固，步法是否輕靈密切相關。採、挒、肘、

圖8　肘

靠，一字一意，一字一句，皆含有攻防之意，切記，「遠不發肘，近不發手」，技擊「以得人為準，以不見形為妙」。引即走，走即化，引中有進，進中有化。掤、捋、擠、捺、採、挒、肘、靠，得機而用，得勢即發，其妙用在引化互變，用在我界，以和為貴，以化為尚，以掌控其精髓而不用為尚，不得不用時應權衡其分寸，是為精妙。

總之，習練者應保持一個平和的心態，細心揣摸其中之哲理，精心領悟其中之奧妙，有經驗相互交流，有感悟資源共享，體太極之陰陽，養浩然之正氣；運纏繞之圓活，化虛實之剛柔；悟屈伸之開合，得哲理之妙用；順自然之規律，具萬物之和諧。

圖9　靠

附錄　經典理論摘要

陳王廷拳經總歌

縱放屈伸人莫知，諸靠纏繞我皆依。
劈打推壓得進步，搬摺橫採也難敵。
鈎掤逼攬人人曉，閃驚巧取有誰知。
佯輸詐走誰云敗，引誘回沖制勝歸。
滾拴搭掃靈微妙，橫直劈砍奇更奇。
截進遮攔穿心肘，迎風接步紅炮捶。
二換掃壓掛面腳，左右邊簪壓跟腿。
截前壓後無縫鎖，聲東擊西要熟識。
上攏下提君須記，進攻退閃莫遲遲。
藏頭蓋面天下有，攢心剁脇世間稀。
教師不識此中理，難將武藝論高低。

陳有本太極拳十大要論（注）

一、理

夫物散必有統，分必有合。天地間四面八方，紛紛者各有所屬；千頭萬緒，攘攘者自有其源。蓋一本可散為萬殊，而萬殊咸歸於一本，拳術之學亦不外此公例。夫太極拳者，千變萬化，無往非勁，勢雖不侔，而勁歸於一。夫所謂一者，自頂至足，內有臟腑筋骨，外有肌膚皮肉、四肢百骸相連！而為一者也。破之而不開，撞之而不散；上欲動而下自隨之，下欲動而上自領之；上下動而中部應之，中部動而上下和之；內外相連，前後相需。所謂一以貫之者，其斯之謂歟！而要非勉強以致之、襲焉而為之也。當時而動，如龍如虎，出乎而爾，急如電閃；當時而靜，寂然湛然，居其所而穩如山岳。且靜無不靜，表裡、上下全無參差牽掛之意；動無不動，前後左右均無游疑、抽扯之形，洵乎若水之就下，沛然莫能御之也。若火機之內攻，發之而不及掩耳，不假思索，不煩擬議，誠不期然而已然。蓋勁以積日而有益，功以久練而後成，觀聖門一貫之學，必俟多聞強識、格物致知方能有功；是知事無難易，功惟自進，不可躐等，不可急就，按步就緒，循次漸進，夫而後百骸筋節自相貫通，上下表裡不難聯絡，庶乎散者統之，分者合之，四肢百骸總歸於一氣矣。

二、氣

天地間未有一往而不返者，亦未嘗有直而無曲者矣；蓋物有對待，勢有回還，古今不易之理也。嘗有世之論捶者，而兼論氣者矣。夫主於一何分為二；所謂二者即呼吸也，呼吸即陰陽也。捶不能無動靜，氣不能無呼吸。呼則為陽，吸則為陰；上升為陽，下降為陰；陽氣上升而為陽，陽氣下行而為陰；陰氣上升即為陽，陰氣下行仍為陰，此陰陽之所以分也。何謂清濁？升而上者為清，降而下者為濁。清者為陽，濁者為陰；然分而言之為陰陽，渾而言之統為氣。氣不能無陰陽，即所謂人不能無動靜，鼻不能無呼吸，口不能無出入，而所以為對待回還之理也。然則氣分為二而貫於一。有志於是途者，甚勿以是為拘拘焉耳。

三、三　節

夫氣本諸身，而身節部甚繁，若逐節論之，則有遠乎拳術之宗旨，惟分為三節而論，可謂得其截法。三節，上、中、下，或根、中、梢也。以一身言之：頭為上節，胸為中節，腿為下節。以頭面言之：額為上節，鼻為中節，口為下節。以中身言之：胸為上節，腹中節，丹田為下節。以腿言之：胯為根節，膝為中節，足為梢節。以臂言之：膊為根節，肘為中節，手為梢節。以手言之：腕為根節，掌為中節，指為梢節。觀於此，而足不必論矣。然則自頂至足，莫不各有三節也。要之，既非三節之所，即莫非著意之處；蓋上節不明，無依無宗；中節不明，滿腔是空；下節不明，顛覆必生。由此觀之，身三節部，豈可忽也，至於氣之發動，要從梢節起、中節隨、根節催之而已，此固分而言之；若合而言之，則上自頭頂，下至足底，四肢百骸，總為一節。夫何為三節之有哉！又何三節中之各有三節云乎哉！

四、四　梢

試於論身之外，而進論四梢。夫四梢者，身之餘緒也；言身者初不及此，言氣者亦所罕聞，然捶以由內而發外，氣本諸身而髮梢；氣之為用，不本諸身，則虛而不實；不行於梢，則實而仍虛；梢亦可弗講乎！若手指足趾特論身之梢耳！而未及梢之梢也。四梢惟何？髮其一也。扶髮之所繫，不列於五行，無關於四體，是無足論矣；然髮為血之梢，血為氣之海，從不本諸髮而論氣，要不可離乎血以生氣；不離乎血，即不得不兼乎髮；髮欲衝冠，血梢足矣。抑舌為肉之梢，而肉為氣之囊；氣不能行諸肉之梢，即氣無以充其氣之量；故必舌欲催齒，而肉梢足矣。至於骨梢者，齒也；筋梢者，指甲也。氣生於骨而聯於筋，不及乎齒，即不及乎骨之梢；不及乎指甲，即不及乎筋之梢，而欲足爾者，要非齒欲斷筋，甲欲透骨不能也。果能如此，則四梢足矣。四梢足，而氣自足矣，豈復有虛而不實，實而仍虛之弊乎！

五、五　臟

夫捶以言勢，勢以言氣。人得五臟以成形，即由五臟而生氣。五臟實為性命之源，生氣之本，而名為心、肝、脾、肺、腎也。心屬火，而有炎上之象；肝屬木，而有曲直之形；脾屬土，而有敦厚之勢；肺屬金，而有從革之能；腎屬水，而有潤下之功。此乃五臟之義而猶準之於氣，皆有所配合焉。凡世之講拳術者，要不能離乎斯也。

其在於內，胸廓為肺經之位，而肺為五臟之華；蓋故肺經動，而諸臟不能不動也。兩乳之中為心，而肺抱護之。肺之下膈之上，心經之位也。心為君，心火動，而相火無不奉命焉！而兩乳之下，右為肝，左為脾，背之十四骨節為腎，至於腰為兩腎之本位，而為先天之第一，又為諸臟之根源。故腎足，則金、木、水、火、土無不各顯生機焉！此論五臟之部位也。

然五臟之存乎內者，各有定位，而見於身者，亦有專屬。但地位甚多，難以盡述。大約身之所繫，中者屬心，窩者屬肺，骨之露處屬腎，筋之聯處屬肝，肉之厚處屬脾。想其意，心如猛，肝如箭，脾之力大甚無窮，肺經之位最靈變，腎氣之動快如風，是在當局者自為體驗，而非筆墨所能盡罄者也。

六、三　合

五臟既明，再論三合。夫所謂三合者，心與意合，氣與力合，筋於骨合，內三合也；手與足合，肘與膝合，肩與胯合，外三合也。若以左手與右足相合，左肘與右膝相合，左肩與右胯相合，右三與左亦然。以頭與手合，手與身合，身與步合，熟非外合！心與目合，肝與筋合，脾與肉合，肺與身合，腎與骨合，孰非內合！然此特從變而言之也。總之。一動而無不動，一合而無不合，五臟百骸悉在其中矣。

七、六 進

既知三合，猶有六進。夫六進者何也？頭為六陽之首，而為周身之主，五官百骸莫不體此為向背，頭不可不進也。手為先鋒，根基在膊；膊不進，則手卻不前矣，是膊亦不可不進也。氣聚於腕，機關在腰，腰不進則氣餒而不實矣，此所以腰貴於進者也。意貫周身，運動在步，步不進而意則索然無能為矣，此所以必取其進也。以及上左必進右，上右必進左，共為六進。此六進者，孰非著力之地歟！要之：未及其進，合周身毫無關動之意；一言其進，統全體全無抽扯之形。六進之道如是而已。

八、身 法

夫發手擊敵，全賴身法之助。身法為何？縱、橫、高、低、進、退、反、側而已。縱，則放其勢，一往而不返；橫，則理其力，開拓而莫阻；高，則揚其身，而身有增長之意。低，則抑其身，而身有攢促之形。當進則進，殫其力而勇往直前；當退則退，速其氣而回轉扶勢。至於反身顧後，後即前也。側顧左右，左右惡敢當我哉！而要非拘拘焉而為之也。察夫人之強弱，運乎已之機關，有忽縱而忽橫，縱橫因勢而變遷，不可一概而推。有忽高而忽低，高低隨時以轉移，豈可執一而論！時而宜進不可退，退以餒其氣；時而宜退，即以退，退以鼓其進。是進固進也，即退亦實以助其進。若反身顧後，而後不覺其為後。側顧左右，而左右不覺其為左右。總之，觀察在眼，變化在心，而握其要者，則本諸身。身而前，則四體不命而行矣；身而怯，則百骸莫不冥然而處矣。身法顧可置而不論乎！

九、步　法

今夫四肢百骸主於動，而實運以步。步者乃一身之根基，運動之樞紐也。以故應戰、對戰本諸身。而所以為身之砥柱者，莫非步，隨機應變在於手，而所以為手之轉移者，又在於步。進退反側，非步何以作鼓動之機，抑揚伸縮，非步何以示變化之妙！即謂觀察在眼，變化在心，而轉彎抹角，千變萬化，不至窮迫者，何莫非步之司命，而要非勉強可致之也。動作出於無心，鼓舞出於不覺。身欲動而步以為之周旋，手將動而步亦早為之催迫，不期然而已然，莫之驅而若驅。所謂上欲動而下自隨之，其斯之謂歟！且步分前後，有定位者，步也；無定位者，亦步也。如前步進，而後步亦隨之，前後自有定位也。若前步作後步，後步作前步，更以前步作後步之前步，後步作前步之後步，前後亦自有定位矣。總之，捶以論勢，而握要者，步也。活與不活在於步，靈與不靈亦在於步。步之為用大矣哉！

十、剛　柔

夫拳術之為用，氣與劫而已矣。然而氣有強弱，勢分剛柔；氣強者取乎勢之剛，氣弱者取乎勢之柔；剛者以千鈞之力而扼百鈞，柔者以百鈞之力而破千鈞；尚力尚巧，剛柔之所以分也。然剛柔既分，而發用亦自有別，四肢發動，氣行諸外，而內持靜重，剛勢也。氣屯於內，而外現輕和，柔勢也。用剛不可無柔，無柔則環繞不速；用柔不可無剛，無剛則催逼不捷；剛柔相濟，則粘、游、連、隨、騰、閃、折、空、掤、捋、擠、捺，無不得其自然矣。剛柔不可偏用，用武豈可忽耶。

陳仲甡、陳季甡用武要言

要訣云：捶自心出，拳隨意發。總要知己知彼，隨機應變。心氣一發，四肢皆動，足起有地，動轉有位，或粘而游，或連而隨，或騰而閃，或折而空，或掤而捋，或擠而捺。拳打五尺以內、三尺以外。遠不發肘，近不發手。無論前後左右，一步一捶。遇敵以得人為準，以不見形為妙。

拳術如戰術，擊其無備，襲其不意，乘擊而襲，乘襲而擊，虛而實之，實而虛之，避實擊虛，取本求末。出遇眾圍，如生龍活虎之狀。逢擊單敵，似巨炮直轟之勢。上中下一氣把定，身手足規矩繩束。手不向空起，亦不向空落，精敏神巧全在活。

古人云：能去，能就；能剛，能柔；能進，能退；不動如山嶽，難知如陰陽；無窮如天地，充實如太倉；浩渺如四海，眩耀如三光。察來勢之機會，揣敵人之短長，靜以待動，動以處靜，然後可言拳術也。

要訣云：借法容易上法難，還是上法最為先。

戰鬥篇云：擊手勇猛，不當擊梢，迎面取中堂；搶上搶下勢如虎，類似鷹鷂下雞場；翻江攪海不須忙，單鳳朝陽最為強；雲背日月天交地，武藝相爭見短長。

要訣云：發步進入須進身，身手齊到是為真，法中有訣從何取？解開其理妙如神。古有閃進打顧之法：何為閃？何為進？進即閃，閃即進，不必遠求。何為打？何為顧？顧即打，打即顧，發手便是。

古人云：心如火藥手如彈，靈機一動鳥難逃。身似弓弦手似箭，弦響鳥落顯神奇。起手如閃電，電閃不及合眸。擊敵如迅雷，雷發不及掩耳。左過右來，右過左來；手從心內發，落向前面落。力從足上起，足起猶火作。上左須進右，上右須進左。發步時足跟先著地，十趾要抓地，步要穩當，身要壯重。去時撒手，著人成拳。上下氣要勻停，出入以身為主宰；不貪，不歉，不即，不離。拳由心發，以身催手，一肢動百骸皆隨；一屈統身皆屈，一伸統身皆伸。伸要伸得盡，屈要屈得緊，如捲炮，捲得緊，崩得有力。

戰鬥篇云：不拘提打、按打、擊打、沖打、膊打、肘打、胯打、腿打、頭打、手打、高打、低打、順打、橫打、進步打、退步打、截氣打、借氣打，以及上下百般打法，總要一氣相貫。

出身先占巧地，是為戰鬥要訣。骨節要對，不對則無力；手把要靈，不靈則生變；發手要快，不快則遲誤；打手要狠，不狠則不濟；腳手要活，不活則擔險；存心要精，不精則受愚。

發身：要鷹揚猛勇，潑皮膽大，機智連環，勿畏懼遲疑；如關（雲長）臨白馬，趙（雲）臨長坂，神威凜凜，波開浪裂，靜如山嶽，動如雷發。

要訣云：人之來勢，務要審察，足踢頭前，拳打膊下，側身進步，伏身起發。足來提膝，拳來肘撥；順來橫擊，橫來捧壓；左來右接，右來左迎；遠便上手，近便用肘；遠便足踢，近便加膝。

拳打上風，審顧地形。手要急，足要輕，察勢如貓行。心要整，目要清，身手齊到始成功。手到身不到，擊敵不得妙。手到身亦到，破敵如摧草。

戰鬥篇云：善擊者，先看步位，後下手勢。上打咽喉下打陰，左右兩肋並中心。前打一丈不為遠，近打只在一寸間。

要訣云：操演時面前如有人，對敵時有人如無人。面前手來不見手，胸前肘來不見肘。手起足要落，足落手要起。

心要佔先，意要勝人，身要攻人，步要過人。頭須仰起，胸須現起，腰須豎起，丹田須運起，自頂至足，一氣相貫。

戰鬥篇云：膽戰心寒者，必不能取勝。不能察形勢者，必不能防人。

先動為師，後動為弟。能教一思進。莫教一思退。膽欲大而心欲小，運用之妙，存乎一心而已。一理運乎二氣，行乎三節，現乎四梢，統乎五行。時時操演，朝朝運化，始而勉強，久而自然，拳術之道，學終於此而已矣。

太極拳十大要論（注）

關於《太極拳十大要論》及《用武要言》的歸屬問題，據顧留馨先生考證，「該論出自陳鑫」。

而「一九三五年陳績甫編著《陳氏太極拳匯宗》收入此論，但標為陳長興所著；又將陳王廷《拳經總歌》及《長拳一百零八勢拳譜》俱標為陳長興所著，謬誤。」顧先生在其所著《炮捶》一書中將其內容標為陳鑫所著。

又據《陳氏太極拳圖說》「參訂者」陳金鰲、陳紹棟及當時「知情者」生前所述，《太極拳十大要論》為陳鑫之祖父陳有本（清文武庠生）生前所著（手寫本），而《用武要言》則為陳鑫之父陳仲甡、叔父陳季甡（清武節將軍）一生戰鬥經驗之積累（手寫本），僅此一份手稿，經陳鑫之父陳仲甡傳於陳鑫。《太極拳圖畫講義》、《太極拳十大要論》、《用武要言》等有關內容陳鑫於1927年交他人聯繫出版，「不慎一度遺失」。陳鑫於1929年去世。《陳氏太極拳圖說》是在陳鑫去世後，又經歷三年的補遺、修訂，於1933年首次出版發行。而《太極拳圖畫講義》及《太極拳十大要論》、《用武要言》、《拳經總歌》等有關內容於1935年被陳績甫編著的《陳氏太極拳匯宗》一書收錄其中。但將有關內容俱標為陳長興所著，顯然有失公正。本書採納顧先生的考證意見，將上述內容還歷史原貌，附錄於該書之後，特此說明。

歷代宗師簡介

前坐者陳王廷
後立者蔣發

陳王廷

字奏庭，陳家溝陳氏第九世。明末天災人禍相繼而起，地方官又罔恤民困，苛政暴斂，無所不至。登封民無力納糧，官逼之，遂揭竿起事，以武舉李際遇為首。公與際遇善，往止之，力勸不聽，但約不犯溫境。滿清定鼎，際遇事敗族誅，有蔣姓者仆於公。一日，公命備馬出獵於黃河灘。有一兔起奔，蔣追未及百步獲之。公憶及際遇有一部將，能健步如飛，馬不能及。詢蔣，果即其人。公所遺畫像執大刀侍立其側者即是蔣發。

公文事武備皆卓越於時，創太極拳，遺長短句一首，可略窺公之生平。

其詞云：「歎當年，披堅執銳，掃蕩群氛，幾次顛險，蒙恩賜枉徒然；到而今，年老殘喘，只落得《黃庭》一卷隨身伴。悶來時造拳，忙來時耕田，趁餘閒，教下些弟子兒孫成龍成虎任方便。欠官糧早完，要私債即還，驕諂勿用，忍讓為先。人人道我憨，人人道我顛，常洗耳，不彈冠，笑煞那萬戶諸侯，兢兢業業不如俺，心中常舒泰，名利總不貪。參透機關，識破邯鄲。陶情於魚水，盤桓乎山川。興也無干，廢也無干。若得個世境安泰，恬淡如常，不忮不求，聽其自然。哪管他世態炎涼，權衡相參，成也無關，敗也無關，誰是神仙？我是神仙。

康熙十六年（即1678年）自題於日省廬中

陳公王廷

陳王廷碑文

陳公王廷（1600–1680），字奏庭，溫縣陳家溝陳氏第九世。生於明萬曆二十八年，卒於清康熙十九年，享年八十歲。公自幼天資聰慧，勤奮好學。及長，承繼家偉，熟讀經史，兼資文武，卓越於時，曾走鏢山東，聲波齊魯。常思奮不顧身，以應國家之急。惜生不逢時，拳拳赤子之心，不能見容於權奸；耿耿報國之志，深恨無用武之地。明末，雖居鄉兵守備之職，然目睹國事艱危，民不聊生，每每扼腕歎息而愴然涕下。清初，公不願蠅營狗苟於宦海，遂安貧樂道於林泉。忙時躬耕田疇，閒時《黃庭》為伴，然蓬蓽茅舍，難掩其志，念茲在茲者，乃不棄平生所學而有所作為也。晚年勵志創拳，以遺後世。遂安不甘味，席不暇暖，以家傳拳術為基礎，潛心搜集整理武林百家，較其異同，取其精華，融太極陰陽、導引、吐納之理，中醫經絡之學，另闢蹊徑。每有會意，便欣然忘情。其所耗之心血，所嘗之甘苦，吾輩非能及萬一也。至拳成，公已垂暮。創拳分五套拳、五套捶及雙人推手等。是拳，由無相而有相，似無極而太極，靜而生動，虛實相應，剛柔並濟，疾徐有間，技擊敏捷，收發自如，集強身、健體、益知、修性於一體，蓄中華傳統文化博大精深之內涵。除拳外，又創刀、槍、

劍、棍、鐧、雙人粘槍術等諸多器械套路，其理亦然，前所未有。公將所創之拳、械悉數傳給堂侄所樂、汝信及友蔣發等，即今風靡世界之太極拳也。數百年來，經後代傳人一再創新、光大，漸成陳、楊、武、吳、孫、和等諸多流派。然千水一脈，萬變同宗，究其淵源，皆王廷公也。

泰山不讓土壤，故能成其大；河海不擇細流，故能就其深。刻苦磨礪，博採眾長，融會貫通，必有所成，此萬古不變之理也。公創此拳，澤被民生，獨樹一幟，永垂後世，皆以澹泊寧靜、廣納博採而致之。今有志於武學之後輩，欲成大器者，念及此，能不思乎勉乎！值王廷公四百周年誕辰之際，特立碑誌念。

趙乾傑　張炳秀　陳東山　撰文

陳所樂

陳所樂

陳氏第十世，師承於陳王廷。公得其訣，藝成而上。性情豪爽，愛打抱不平，雖有時應朋友之邀亦做鏢事，但因家境富裕，並不以走鏢為生，平日亦在村中設點授徒，從其學者甚多，其中佼佼者有族侄光印、正如和其子恂如、申如等。

陳汝信

陳汝信

陳氏第十世，師承於太極拳創始人陳王廷，由於平日勤學苦練，功夫爐火純青，深得王廷公所喜愛，其子大鯤、大鵬皆得其真傳而著名於世。

陳恂如、陳申如

陳恂如

陳氏十一世，為所樂公之孿生子，兄弟雙雙靈慧善思，於太極拳精微入妙。青少年時即見義勇為，智鬥群匪，被當地百姓譽為大天神、二天神，為太極拳歷史傳奇人物，其事蹟當時即編成戲劇《雙英破敵》流傳止今。

陳正如

陳氏十一世，得所樂公真傳，不僅精於太極拳，而且精於祖傳108勢。正如公教子嚴，授徒有方，其弟子陳敬柏、郭永福即其所成。其子廉、爵、義、靜，其孫耀兆、公兆皆以文韜武略聞名於世，皆為太極拳發展史上重要代表人物。

陳敬柏

陳敬柏

字長青，陳氏十二世，乾隆末人，精太極拳，師承於正如公。「山東盜年十八，將撫憲窗摘玻璃一塊，竄驛飛簷走壁，越城而去，捕役不敢拿，時敬柏公隨營奉諭往捕，賊以刀紮公，公以牙咬刀，將賊反出門外，賊服。破案後賊亦隨營效用。時山東名手不及敬柏公，因號『蓋山東』言其藝之高也。」

陳繼夏

字炳南，陳氏十二世，乾隆末人，不僅精太極拳法，而且善於丹青，其拳法與繪畫，皆可傳神入妙。「磨面，公始以兩手推之，依次遞減，減至一指奔而推之，即磨面亦練功不閑，之後藝出師右。」「趙堡關帝廟顯功皆繼夏公所畫，活靈活現傳神入妙。」

陳長興

陳秉旺與陳長興

陳秉旺、陳秉壬、陳秉奇為陳氏十三世，三人皆善太極拳，互相琢磨，藝精入神，人稱三傑。秉壬精醫術。

陳長興（1771–1853），字雲亭，陳氏十四世，自幼授業於父秉旺，成年後以保鏢為業，在武術界享有盛名，由於行止端重，號稱「牌位陳」，陳保鏢之外，餘暇亦在村中設館授徒，門徒尤盛，其中陳懷遠、陳花梅，楊福魁最著名，長興子耕耘，字霞村；耕耘子延年、延熙能世其業。耕耘嘗從仲甡戰粵匪，有戰功。

陳耀兆

字有光，陳氏十三世，生於乾隆，卒於道光，壽八十。自幼隨父學，清太學生，精太極拳，為人樂善好施，家道嚴，內外肅然，訓子有方，其子孫皆入庠，當時武士皆沐其教，然其精妙未出其右者。

陳公兆

字德基，陳氏十三世。自幼隨父學，精於拳

陳公兆

法，學術純正，名士多出其門，持己端方，事不徇私，為人樂善好施。公之養生歌訣及乾隆六十年力鬥瘋牛等傳奇故事頗多，至今在民間廣為流傳。其子有恆、有本文韜武略皆其所成。其孫伯甡、仲甡、季甡、敬甡皆藝臻神化，智勇絕倫。鄉鄰以齒德兼優額其門。

陳有本

陳有本

字道生（1780–1858），清文武庠生，陳氏十四世。其父陳公兆學術純正，精於拳法，持己端方，事不徇私，為人樂善好施，乾隆六十年力鬥瘋牛聞名天下，當時精太極拳者，名士率出其門。伯父陳耀兆，清太學生，家道嚴，內外肅然，教子有方，其子、孫皆入武庠，當時武士皆沐其教，然精妙者未出其右。祖父陳廉、陳爵（節）、曾祖陳正如文韜武略皆卓越於世。有本公與兄有恆出生於太極拳世家，皆自幼飽受家傳絕學之薰陶，均隨父祖研文習武，精太極拳，達爐火純青。有本尤得驪珠，時人對其兄弟以瑜亮相稱。有本公在祖傳五套拳、五套捶的基礎上，將原有的五套拳歸納為一路（以柔為主），將五套捶歸納為一套即為二路，亦稱炮捶（以剛為主），時人將有本公歸納的這二路拳法簡稱為「略」（簡略、簡明），故稱其為「多有創新」。有本公風度謙沖，常若有所不及，當時精太極拳者皆率出其門，子敬甡，侄伯甡、仲甡、季甡皆其所成就。

其門人陳清平、陳有倫、陳奉章、陳三德、陳廷棟，均有所得，「陳耕耘亦師事焉」。

清平公傳趙堡鎮張開、張罣山、和兆元等。經和兆元再傳之後稱其為和式太極拳，亦稱趙堡架。清平公又傳河北永年武禹襄，武傳李亦畬，經李亦畬再傳之後稱其為武式太極拳。李亦畬傳孫祿堂之後，形成孫式太極拳。李景延（李盾）先後得陳有倫、陳仲甡、陳清平真傳而稱最，之後形成忽雷架。

陳仲甡與陳季甡

陳仲甡（1809–1871）字宜箎，又字志壎，號石庵，眾議尊稱「英義公」。

陳季甡（1809–1865）字仿隨，兄弟同乳而生，面貌酷似，鄰里難辨。父有恆，壯年溺於洞庭湖。昆仲文韜武略，藝臻神化，智勇絕倫，皆其叔父有本所成就。

道光年間，季甡公任順德府鉅鹿縣正堂。仲甡公念其母老，情不忍離，母病，親侍湯藥，衣不解帶。自道光至同治年間，公奉命領兵打仗戰無不勝，兄弟皆因戰功齊名，咸豐八年晉五品花翎。公不為功名所動心，安心奉母，淡泊名利，自是一意授徒，咸豐九年正月「御賜武節將軍」。公名遠華夏，威振四方，因公所在，四方盜賊不敢入侵，懷府百姓數十年安居樂業。仲甡公事親純孝，教子嚴，與朋友交信，然風雅宜人，藹然可親，有古名士風。傳其學者有陳復元、陳豐聚、陳同、李景延、任長春，然皆不及仲甡。公卒，吊客滿門，數郡必至，眾議尊稱「英義公」。

陳清平（1795–1868）

陳清平

陳清平，陳氏十五世，為有本公得意門徒，精太極拳理。趙堡鎮一系和兆元、張開、張睾山皆其所傳。廣平府武禹襄初學於楊福魁，於1852年在趙堡鎮請益於清平公。李景延初學於陳有綸，兼師陳仲甡，後學於陳清平。清平公弟子眾多，其中李景延稱最。

陳淼（1834—1868）字淮三，陳垚（1837—1916）字坤三，陳森（1843—1926）字槐三，陳焱（1847—1918）字炳三，陳鑫（1849—1929）字品三，皆陳氏十六世。淼、森為季甡子；垚、焱、鑫為仲甡子。其文韜武略皆隨其父學。淼之文武冠於同輩，17歲隨父參加亳州、六安州之戰屢建奇功。

陳　垚

陳　森

垚、少年有成，19歲入武庠，功夫之純一時無雙。17歲隨父征戰十餘載未曾受挫。森，清太學生，學識淵博，教書育人授之有方，其弟子文武皆可免試入縣學。焱與垚兄同入武庠，與鑫弟同獲貢生，文武兼優，兄友弟恭。陳鑫另有傳記，此處從簡。

陳鑫字品三（1849—1929），陳家溝陳氏十六世，太極拳一代宗師。其祖陳有恆，叔祖陳有本俱以家傳太極絕學而著名。其父陳仲甡，叔父陳季甡皆以文韜武略卓越於時，藝臻神化而稱最，清咸同年間，戰功卓著，名遠華夏，御賜「武節將軍」。

陳鑫自幼隨父研文修武，精拳道，明理法，於太極拳精微入妙，晚年發憤著書立說，著有《太極拳圖畫講義》四卷，《陳氏家乘》五卷，《太極拳引蒙入路》一卷、《三三六拳譜》及《安愚軒詩文集》若干卷。為中國太極拳理論集大成者。他將其

一生對易學研究感悟的成果，與太極拳理法相結合，以易理說拳理，從而完善了指導太極拳運動的宏觀理論。又以64勢拳法與64卦相結合，深入淺出，論證經絡學說與調養氣血之真諦；以訣示要，技理交融，逐勢求詳，強調太極拳纏絲法的核心作用，逐漸形成了太極拳運動的微觀理論，從而系統地確立了中國太極拳的理論體系。其理論著作被譽為「拳壇理論之豐碑，武林修學之經典」。

其一生著作甚豐，其經典理論對中國太極拳發展與普及起到了巨大的推動作用，是中國太極拳發展史上又一個里程碑。

目前，社會所流行的陳氏太極拳小架五大支系中陳椿元、陳子明、陳省三、陳鴻烈、陳金鰲、陳金榜、陳紹棟、嚴立相、陳克弟、陳克忠、陳秉密、陳立清、陳玉琦等諸位宗師，皆直接或間接師承於陳鑫，他們不僅拳理精透，拳法精湛，而且都是尊師重道、德藝兼優的楷模。

陳椿元

陳椿元

陳公，諱椿元，陳氏十七世，生於1877年，卒於1949年，享年72歲。其祖季甡與胞兄仲甡齊名，同受皇封「武節將軍」。其父名森字槐三，清太學生，精通太極拳術，尤專文事，教書育人授之有方，其所授學子均可免試入縣學。其家傳「文修堂拳譜」與其父續寫的「陳氏家譜」均成為「國家考試太極拳源流最有力之信證」。其叔父品三，生前著有《太極拳圖畫講義》四卷、《陳氏家乘》五卷、《太極拳因引入路》、《三三六拳譜》及《安愚軒詩文集》等書稿；書稿寫成後因戰亂及災荒連年，加之年老家貧，欲及身刊發傳世而志未遂。1927年將《太極拳圖畫講義》書稿交他人去南京出版，兩年未果，被謊稱遺失，品三公為此一病不起，彌留之際將椿元公由湘南召至榻前，含淚傳授拳道要旨，並將其平生所著一併交給，囑其「此吾畢生之心血，汝能印行甚善，否則焚之可也。」品三公去世後，椿元公不負重托，率家人對被稱遺失書搞進行修訂、補遺，歷時三年，寒暑不懈，將此作品定名為《陳氏太極拳圖說》，於1933年在開封開明書局首次出版發行，深得武林同道讚譽，七十餘載印

行數十萬冊，至今暢銷不衰。

椿元公自幼從父學文修武，盡得家傳，學識淵博，文武兼備，拳術套路，各項單雙器械、推手、散打、點穴、擒拿、體用無不精熟，20世紀20年代先後在湖南、焦作等地開設國術館授徒，慕其名學者雲集，上述兩地當時精太極拳者多為其弟子和再傳弟子。公一生淡泊名利，德藝雙修，為人師表，循循善誘，實為吾輩之楷模，僅此銘文記之。

陳子明與陳玉琦

陳子明

陳玉琦

陳子明（1878—1951），係太極拳名家陳復元之次子，自幼隨父學，十歲隨族叔陳鑫研習文武，備明理法，功夫純正，深得陳鑫真傳。其一生致力於陳氏太極拳的研究和傳授，且著書立說，深受當時南京國術館長張之江及武術界同仁所讚賞。在國術館任教期間，結識了國術館武術史研究家唐豪先生，唐豪在陳子明引導下，三下陳家溝，進行實地考察太極拳源流，最終確定陳家溝是中國太極拳發源地，陳王廷為太極拳創始人。子明公對太極拳的繼承、發展與傳播作出巨大的貢獻，不愧為陳氏十七世的傑出代表。

子明公嗣子陳文敏，精太極拳，壯年早逝。其孫陳玉琦（1926–2001），太極拳第十一代傳人。少年從父學，於1939年隨祖父在西安研習文武，後又得族姐陳立清和族叔陳金鰲等名師指導與交流，明拳理、精推手、擅柔化，以至功深莫測，獨具風格。1983年在西安成立「陳氏太極拳輔導站」，義務傳授，致力於陳氏太極拳小架的普及與傳播，主要傳人有冉國龍、鄭福祥、職寶貴、王策、王合、王濤、段勝利、柯鴻信、李天祥、苗玉陣、趙雁軍、杜春明等（再傳弟子眾多待續）。

陳三省與陳秉密

陳省三（1880—1942）先師承於太極拳名家陳延熙學陳氏太極拳大架，後師承著名太極拳理論家陳鑫學陳氏太極拳小架，潛心探究拳理，精熟各種套路，集陳氏太極拳大小架於一身，技藝精湛。先後在懷慶府、修武

陳省三紀念碑

陳秉密

縣、禹州、溫縣師範女中任教。於1940年應國民黨高級將領衛立煌特邀，任河南省第一占區司令部武術教官，衛立煌親自拜師於門下。其弟子多分佈在臺灣、美國及東南亞國家和地區，為陳氏太極拳的傳播作出了重大貢獻。

其子陳秉密（1908—1986），性情豪爽，功夫純正，為太極拳第十代傳人。其孫，陳立法，曾孫，陳國泰，陳國傑皆承其業，致力於陳氏太極拳小架的普及與傳播，再傳弟子遍布世界各地（待續）。

陳登科與陳發科

陳登科，自幼隨父學，功夫純正，陳氏十七世佼佼者。其子陳照丕（1893—1972）於1927年先後在北京、南京、鄭州、溫縣等地傳授陳氏太極拳。1957年退休後在陳家溝廣收門徒，義務傳授，弟子眾多。其主要傳人有陳德旺、陳世通、陳春雷、陳立東、陳小旺、陳正雷、朱天才、王西安、陳孟松、陳慶州等。其中陳小旺、陳正雷、王西安、朱天才號稱「四大金剛」，其再傳弟子遍布世界各地。

陳發科

陳發科（1887—1957），陳氏十七世中的佼佼者。於20世紀30年代在北京等地設館授徒，使陳氏太極拳逐步走向社會，對發展和傳播太極拳作出了傑出的貢獻，皆為近代太極拳發展史上的代表人物。

其主要傳人有陳照旭、陳照奎、陳照池、陳桂亭、陳文田、陳茂森、王雁、洪均生、候之宜、沈家楨、田秀臣、馮志強、顧留馨、李經悟、蕭慶林等。其中，其子陳照奎、孫陳小旺、陳瑜、陳小星承其業，傳其道，再傳弟子眾多，遍及世界各地（待續）。

陳鴻烈與陳立清

陳鴻烈（1887—1945），陳氏十八世，係陳銘三之四子，太極拳第十代傳人。他自幼秉承家教，性情豪爽，忠厚謙知。其文武初學於陳森，後學於陳椿元，深得陳森、陳椿元之厚愛，同時亦得其真傳，師徒情深義重。20世紀30年代曾多次伴隨其師陳椿元前往開封等地聯繫出版《陳氏太極拳圖說》有關事宜，實為該書出版發行的見證人。

其女陳立清（1919—2009），七歲即隨族曾祖

陳立清

陳德祿習練陳氏太極拳大架，十歲隨其父母練陳氏太極拳小架，她精熟陳氏太極拳各種套路及器械，於1985年在西安創辦「翠華武術館」，她教學嚴謹，講信譽、重武德、大公無私、實事求是，桃李遍及世界各地。被譽為「中國女傑」。主要傳人有陳榮斌、陳永福、陳春生、孫連英、鄭漢松、沈博平、盛季生等（其再傳弟子待續）。其一生致力於陳氏太極拳的普及與傳播，為傳承弘揚傳統文化做出了巨大貢獻。

陳金鰲（1900—1971）

陳金鰲

陳金鰲，字文斗，河南溫縣陳家溝陳氏第十八世，太極拳第十代傳人。1900年出生於太極拳世家，卒於1971年，享年72歲，其曾祖陳仲甡、叔曾祖陳季甡文韜武略卓越於時，以戰功卓著，御賜「武節將軍」。祖父陳垚，藝臻神化，功夫純正，一時無雙。叔祖陳鑫，深諳太極精奧，其著作《陳氏太極拳圖說》，被太極拳愛好者奉為寶典。其父陳上元、伯父陳雪元、陳松元皆為武庠生，其中伯父雪元為《陳氏太極拳圖說》編輯者。

金鰲公天資聰穎，自幼親蒙父、祖直授，弱冠之年，備明太極理法，拳術器械無不精通，曩獲家學真傳，並以繼承發揚太極拳為己任，1928年被河南大學聘請為武術教授，名聞遐邇。1929年與伯父雪元、叔父椿元、堂弟紹棟等共同參加修訂《陳氏太極拳圖說》一書，其為《陳氏太極拳圖說》參訂者。後因戰亂，輾轉各地，曾於漢口、寶雞等地擇徒授業。20世紀60年代初於寶雞退休，當時西安陳氏族人陳立智、陳立祥、陳立清、陳堂、陳西照等聚會商議，派陳立智專往迎請，懇求陳公移居西安為諸學人授業解惑。一時學者雲集，無論學習陳氏大架、小架皆向陳公求教。公因才施教，為西安陳氏太極拳的興盛、發展作出了巨大的貢獻。

受業者主要有劉九功、王書銘、王有才、劉長慶、張文治、陳鳳英、崔玉潔、職汝壘、李樹發、潘水泉、趙玉璽、陳啟華、王成新等。其中崔玉潔、職汝壘、陳鳳英、李樹發等銘記師訓，廣傳學人，再傳弟子眾多（待續）。為了永久紀念

恩師，於2006年在西安成立陳金鰲太極拳學會，為陳氏小架太極拳的傳播推廣作出了重要貢獻。

金鰲公抱負家傳數百年之絕學，品德高尚，不求聞達，默默耕耘，無私地將太極真學留給社會，並親手整理著述，闡發陳氏小架太極拳奧秘，寫有許多手抄本，以待發表，惜陳公仙逝後，部分文稿散失，幸有諸多弟子將其太極理法全面繼承保留，為我們留下了寶貴遺產。陳金鰲不愧是陳氏太極拳一代宗師，是值得我們永遠懷念的太極巨擘！

陳紹棟

陳紹棟

字乾卿，陳氏十八世，生於1901年，卒於1995年，享年95歲。其祖名森，字槐三，清太學生。精文通武，於太極拳精微入妙，尤專文事，教書育人授之有方。其祖所授之生徒均可免試入縣學。其家傳《文修堂拳譜》與他續寫的《陳氏家譜》均成為「國家考證太極拳源流最有力之信證」。其父槐元、伯父梅元、叔父椿元，皆為文武庠生。公天資聰穎，自幼秉承父祖研文習武，後從叔祖陳鑫修習文武，飽受家傳絕學之薰陶，得其家傳文武之精妙。二十世紀三十年代天災四起，為確保本族香火不斷，遂遵祖命一度棄武從文，致其家傳隱而不彰。公學識淵博，精於拳理，尤工書法，嫻熟珠算，雙手能操，為人沉穩少言，耿直剛正，與人友善，威望至高。

1929年隨叔父椿元，對品三公遺交的有關《太極拳圖畫講義》零散資料進行補充、修訂，寒暑不懈，歷時三年，將修訂、補遺的作品更名為《太極拳圖說》，於1933年在開封首次出版，深受武林同道讚譽，稱其「本羲易之奧旨，循生理之穴脈，解每勢之妙用，指入門之訣竅」，實為當代闡釋陳氏太極拳最系統、最精深、最簡明之力作，「一洗家拳守秘不傳之故習」。1993年，國家版權局依據著作權法將該書的版權歸屬認定為合作作品，其祖孫三代人共同享有該書著作權。

長子東海自幼從父學文習武，武功純正，門徒眾多。次子東山青年從戎，後雖供職陝西省府機關，卻心繫拳鄉父老，為陳氏歷代太極拳名家修建功德碑、編撰簡歷、繪製畫像。孫：潤中（向寅）、潤英（向武）、潤才（繼寅），均少年有

成，於20世紀90年代初分別在河南、廣東等地開設武館，門徒遍及港、澳、台及世界各地，其中潤英為國家武術七段，國家武術一級裁判、省一級拳師，曾先後獲國際、國內武術大賽金銀牌數十枚，其徒數萬人，遍及海內外。其曾孫：永豐、永彬、麒、麟、明輝、明宇皆自幼酷愛家傳拳法，分別在6～9歲時均獲省、市武術大賽金、銀獎，其子孫皆致力於承傳家法，多有建樹。

嚴立相（1904—1992）

嚴立相

河南省滑縣嚴莊人，太極拳第十代傳人。為人忠厚，尊師重道，公平處世，淡泊名利，品德高尚，武功精湛。青年時期在焦作陳椿元創辦的國術館當勤務工，兼學太極拳，16年如一日伴隨恩師左右，研習陳氏家傳家絕學，直至恩師去世。其間深得恩師之厚愛，亦得其師之真傳，師徒情深義重。之後，立相不忍國粹流失，守其業、傳其道，將其所學擇人而授，其主要傳人有：嚴長枝、李松、李清玉、李光華、李永順、李長青、田景真、范鴻信、劉德興、劉彥青、劉洪亮、劉勝利、劉振忠、劉國來、張內坤、張秀珍、張宏彥、張銘剛、張旭學、張振才、郭占武、郭高興、王斌、徐長松、蔣春來、姜同銀、路金祿、葉好亮、林玉江、屈雲亮、趙小寶、趙彥嶺、周學堂、毋啟學、朱福來、蔡嘉田、焦順青、崔繼慶、靳有軍、王杰等（再傳弟子待續），為繼承弘揚太極拳文化作出了貢獻。

陳克弟

陳克弟（1905—1984）

陳氏十八世。太極拳第十代傳人，幼年受教於太極拳名家陳鑫，深得陳氏太極拳小架之精髓。克弟公於20世紀50年代定居開封，於1957年應開封市體委邀請，在汴京公園授拳，十年中從學者達兩千多人，為普及陳氏太極拳傾注了大量的心血。

其主要傳人有陳天放、陳天倫、石磊、時進明、李建設、賈重申、許久義、郭榮、郭鋅等，其中石磊、李建設再傳弟子眾多（待續）。

陳克忠（1908—1966）

陳氏十八世，太極拳第十代傳人。公賦性耿直、勤奮好學，深得陳鑫及陳椿元恩師之厚愛，陳氏太極拳所有套路及器械無不精通。於1932年受聘於縣立

陳克忠

師範，男子高等小學授拳；1936—1940年間先後在焦作、西安等地授拳，直至新中國成立後返回家鄉，後在其族侄陳伯先多次請求下，始在陳家溝設館授徒，克忠公拳理精透，拳法精妙，功夫純正，品德高尚，他教拳先講武德及為人之道，而後因人施教。其門下陳伯先、陳伯祥、陳萬義等諸多弟子能承其道、傳其業。克忠公不愧是陳氏太極拳承前啟後、不可替代的一代宗師，倍受後人推崇和敬仰。

其主要傳人有陳伯先、陳伯祥、陳萬義、陳長義、陳華華、陳啟亮、陳風山、陳有功、陳小平、陳清環、陳清煊、陳執經、范鴻信、郝西安、王寶慶等。其中陳伯先、陳伯祥、陳萬義、范鴻信、陳清環再傳弟子眾多（待續）。

陳氏太極拳小架發展與傳承

在陳氏太極拳的發展史上有三個里程碑，實質上，這也是整個中華太極拳發展史上的三個里程碑。陳氏九世陳王廷創立太極拳，使事物從無到有，是豎立的最厚重的一塊豐碑；十四世陳有本、陳長興在繼承陳王廷所創太極拳的拳理拳法的基礎上，發展了原有的拳架和套路，在陳氏內部形成小架和大架不同套路；傳向社會後，在外部逐漸形成楊、吳、武、孫、和等流派，它們各顯特點而為世人所矚目，由此所開創的太極拳內外大普及的局面，無疑是第二個發展里程碑。十六世陳鑫，第一次對太極拳理論進行哲理的概括，並使之昇華，是對陳王廷所創太極拳在更高層次上的復歸。中華太極拳的發展，經歷了否定之否定的全過程。無疑，「三個里程碑」是從哲學層次上研究太極拳的發展歷史而得出的結論。

一、小架與大架以及與《陳氏太極拳圖說》間的關係

(一)小架與大架的關係

明末清初，河南溫縣陳家溝，陳氏第九世陳王廷創編了拳、捶各五套太極拳套路。十四世陳有本悟得太極真傳，將陳王廷所創五套拳、五套捶分別「略」為以柔為主的一路和以剛為主的二路，集小圈練法之大成，形成了小架太極拳套路。陳氏十四世陳長興，太極拳功夫爐火純青，集大圈練法之大成，形成了太極拳大架套路。直觀而言，大、小架是由行拳時圈的大小而定的，相反相成的事物都是

相比較而存在的，因此大、小架之拳，只有各具特點之分，而沒有產生先後之別。大、小架是在太極拳傳承實踐中同時應運而生，又在相互映襯中同時不斷發揚光大。太極拳發源地的人們是懂得這個哲理的。因此，陳家溝人不以大、小架產生時間先後論尊卑，而以大架和小架各有不同特點論互補。所以，簡單地說，大小架之間的關係是辯證的關係，即既對立，又統一。

小架和大架都是以陰陽學說為理論基礎、以纏絲勁為動作準則，對身體各部分在行拳中技術規範的要求是一致的。但畢竟行拳時由於圈的大小有別而產生連帶效應，如手足運動的路線有差異等，這就決定了兩種套路的不同風格。大架圈大，身法大，震腳多具爆發力，動作顯得舒展大方。小架圈小、身法小，動作靈巧速度快，輕靈沉穩，柔中寓剛，外觀顯得文雅。

儘管大架和小架有這麼多區別，但他們又具有內在統一性。練小架的人，開始練拳注意把圈放大，練大架的人功成後逐步把圈收小。換言之，大小架只是練拳過程中某一階段的外部表現形態，本質上看，二者是統一的，是完全一致的。

（二）小架與《陳氏太極拳圖說》的關係

練小架的十七世陳子明指出：「太極功夫以沒

圈為登峰造極，非一蹴可成，必須循序漸進，由大圈收到小圈，小圈收至沒圈。」就是說，沒有大架行拳階段，是達不到小架趨於無圈境界的。大、小架功夫是互相聯繫、互相滲透，在一定條件下互相轉化的。而概括大、小架前後相繼性拳理拳法體系的理論成果，就是陳鑫著的《太極拳圖畫講義》一書。序言中也講過，陳鑫於1908年至1919年歷時十二年寒窗寫成理論巨著《太極拳圖畫講義》，托人出版時，他人謊稱書稿丟失，致使陳鑫不得不命陳椿元等五人依據其草稿等資料重新補遺整理出《太極拳圖畫講義》一書並於1933年出版，迫於形勢壓力。《太極拳圖畫講義》於1935年亦輾轉面世。可見，《太極拳圖畫講義》與《陳氏太極拳圖說》是同一內容以相似形式表現出來的兩部著作。因《陳氏太極拳圖說》不同於《太極拳圖畫講義》以別的書中附錄形式出現的，而是於1933年單獨出版的，所以習慣將太極拳的理論著作以《陳氏太極拳圖說》作為其最早代表。

明確了這些，有助於我們進一步理解《陳氏太極拳圖說》與小架的關係，即《陳氏太極拳圖說》是陳氏太極拳（包括大架和小架）的理論概括，也是整個太極拳的理論概括，更直觀地說，是陳氏太極拳小架的直接理論概括。

二、小架的發展與傳承

自陳有本集小圈練法之大成後，經過五代傳承至20世紀70年代，陳氏十八世、十九世傳人漸形成五大支系向外傳播延伸。序言中已將五大支系的具體內容作過展示，這裏從地域分佈角度對其傳承作一介紹。

（一）小架最初的傳播

陳有本、陳仲甡、陳清平、陳鑫都廣收門徒，且多學有所成。《陳氏家譜》中陳有本名下記載「當時精太極拳者率出其門」。徒弟中陳清平、陳有綸，形成新的流派，為發展小架作出了貢獻。陳清平是陳氏第十五世，學成小架後在溫縣趙堡教授。他大膽創新，形成了趙堡太極拳，因其徒弟和兆元名氣最大，故又稱和式太極拳。武禹襄和楊露禪是同鄉，武原先跟楊學太極拳，因學不到精微之處，1852年乘到河南舞陽探望兄長之際，前去向陳清平學小架。武學月餘，掌握了太極拳精義，回去後和其外甥李亦畬苦練鑽研，勇於創新，形成了武式太極拳。民國初年，孫祿堂跟武式太極拳傳人郝為真學拳，孫原本就是形意、八卦掌高人，他把三者結合起來，形成了孫式太極拳。陳有本另一個徒弟十四世陳有綸傳李景延，李景延創編了忽雷架太極拳。眾多流派由此傳承繁衍。

特別是陳鑫，他的巨著《陳氏太極拳圖說》，以理論特有的品格，超越時空傳遍全球。陳鑫的繼子陳椿元早在20世紀20年代就到湖南和焦作等地設館傳拳。陳鑫族侄陳子明1927年到沁陽創辦拳社，1928年應邀到上海太極拳社擔任武術教官，1929年被聘為國立南京國術館武術教官。陳鑫族侄陳省三，於1930年前後在懷慶府，修武縣開設武館，之後應國民政府高級將領衛立煌的邀請，在其司令部傳拳授徒，其弟子與再傳弟子遍及海內外。

（二）小架在西安的傳播

抗戰爆發後，陳子明被推到陝西西北師範學院（陝西師範大學前身）擔任武術教授，並兼任部隊武術教官，為抗日將士訓練擒拿格鬥拼殺術，並出版了《陳氏世傳太極拳術》、《太極拳精義》兩部著作，供世人學習。河南溫縣在日本侵入後，陳垚之孫、小架高手陳金鰲、陳金榜及眾弟子先後離開淪陷區來到西安，他們把小架帶到西安、寶雞，為陝西培養了眾多的優秀人才。

現在他們的後人和徒弟繼承了他們的遺願，在西安大力發展小架。陳金鰲、陳金榜的後人陳鳳英和徒弟崔玉潔、職汝壘、李樹發等人成立了西安陳金鰲太極拳學會，向外傳播小架。陳金鰲及其弟子為西安培養了大批武德高尚的優秀拳師。

陳鴻烈的女兒中華女傑太極拳大師陳立清已年過九旬，她教拳六十載，學員遍及全國，出版了《陳氏太極拳小架》一書，於20世紀80年代成立了西安萃化武館，培養了一大批優秀拳師，其中族侄陳榮斌、陳春生把小架傳到廣東佛山。其弟子和再傳弟子遍及全國各地。

陳子明繼孫陳玉琦、陳玉章於抗戰時來到西安，自幼受到陳子明拳法和理論薰陶之後，數十年修煉不輟。於20世紀80年代初，在西安創辦陳氏太極拳輔導站，義務傳授拳法，為本地區培養出大量出類拔萃的太極拳人才。陳玉琦弟子職寶貴於2001年繼任陳氏太極拳輔導站站長之職。2006年與師兄王勝利共同創建陳子明太極拳研究會，陳玉琦的弟子王策對陳子明的太極拳理論探入研究，對太極拳名人軼事進行搜集整理，近斯由王勝利等再版了陳子明兩部理論著作。他們從實踐到理論，為陳氏太極拳小架向更加廣闊的領域傳播，付出了艱辛，功效卓著。

（三）小架在陳家溝、溫縣及全國各地的傳播

20世紀60年代，《陳氏太極拳圖說》參訂者、陳鑫侄孫陳紹棟以及陳鑫入室弟子、族孫陳克弟、陳克忠、陳克信都是留守在陳家溝的老一輩拳師，他們直接受到陳森、陳鑫的傳授和薰陶。其拳理之

精深、拳法之精妙、武德之高尚，他人難以倫比，他們使陳氏家傳絕學，在陳家溝乃至民間得以世代相傳。陳紹棟博學多才、文武兼備。其長子陳東海，於20世紀70年代起兼任溫縣化肥廠太極拳總教練達20年之久，多次帶隊參加省市縣太極拳比賽，獲獎無數，為單位爭得了榮譽，為溫縣培養了大量人才；次子陳東山，刻苦鑽研太極拳理論，對《陳氏太極拳圖說》的精要及太極拳發展史和太極拳理研究均有獨到見解，於2005年將該書原線裝四冊變更為合訂本出版發行；2006年7月又將其斷句點校，改繁體字為簡體字，改豎排版為橫排版出版發行，為廣大太極拳愛好者深入研習太極拳理論提供了重要資料，對陳家溝歷史文化進行全方位的研究搶救、挖掘、整理，先後在國際太極拳年會、《中華武術》、《太極與少林》、《武當》等雜誌發表論文，以確鑿的史實為論據，進一步深入研究和論證了太極拳源流問題，對張三豐創太極拳等謬說進行有力地批駁。

陳克弟先後在開封等地傳授小架太極拳，其弟子出類拔萃、德藝雙馨。自幼得陳鑫真傳的陳克忠、陳克信主要在陳家溝傳授拳法，注重以拳理論拳法，收徒以德為重，教學嚴謹，品高無求，為陳家溝培養了一大批武德高尚的優秀拳師，其弟子陳伯祥、陳萬義、陳伯先、石磊、范鴻信、時進明、陳清環、李建設、陳陸有、陳啟亮等尤為出眾。再傳弟子中陳瑞華、陳春生、陳向寅、陳向武、陳繼寅、陳全義、石愛先、趙春生、徐愛國、郭金生、范戰中、王樹成、程乃文、韓兆安、陳永峰、陳永彬在全國教授學員眾多，社會影響甚大。其中陳伯祥是陳家溝陳氏小架太極拳傑出代表，20世紀70年代即走出陳家溝，先後在河南、陝西、安徽、山東、河北、江蘇、黑龍江、廣東、天津、上海等地傳授太極拳。他的弟子遍佈美、日、韓、德、法、瑞典等國家。陳萬義現已七十多歲，在廈門、深圳傳拳長達20年之久，其弟子遍及港澳台。陳秉密長子陳立法、長孫陳國泰先後分別在河南、江蘇、山東、安徽、北京、浙江、韓國、法國等地傳授太極拳，其弟子遍及世界各地。

弘揚太極文化，展示太極威力，陳氏太極拳小架以其最直接體現太極哲理的特點，越來越顯現出其理論的精妙和在實踐傳承中的強大生命力。五大支系各有千秋，僅舉五大支系中陳鑫嫡孫陳紹棟一支為例，四世中就有陳紹棟，陳東海、陳東山、陳曉亭、陳向寅、陳向武、陳崢、陳嶸、陳繼寅、陳永峰、陳永彬、陳麒、陳麟、陳明輝、陳明宇等十五位陳氏太極拳小架傳承人，為太極拳事業作出了巨大貢獻。尤須稱道的是，陳紹棟的孫陳向寅、陳向武、陳繼寅於20世紀80年代末、90年初就分別在河南、廣東、汕頭、深圳等地開設武館，傳授家傳拳法，其弟子遍及全國各地及美、德、法、加拿大、俄羅斯等十多個國家。其曾孫陳麟、陳明輝、陳明宇等皆少年英才，6～9歲時就獲不同層次太極拳比賽中的金獎，陳麟六歲始五年連獲五塊金牌。溯該家族歷史，自九世陳王廷創立太極拳後，直至二十一世，歷經連續十二代，代代相傳，人才輩出。此外，陳伯祥的徒孫孫銘澤，10歲時獲東三省武術競賽中「陳氏太極拳」金獎和「陳氏太極刀」金獎；陳向武的徒弟李澤鵬、吳佳鵬、林楷越等均不足十歲獲不同層次太極拳比賽金獎。真可謂「後生可畏」、「自古英雄出少年」！願陳氏太極拳的發展，如日中天、欣欣向榮、萬古常春。

杜修源　蔣慶國

錄自《陳氏太極拳小架發展與傳承》

陳東山與太極拳

陳東山，字泰峰。1945年2月出生於太極拳世家。河南溫縣陳家溝陳氏十九世，係《陳氏太極拳圖說》原著者陳鑫之曾孫、「編輯者」陳椿元之孫、「參訂者」陳紹棟之子，為太極拳第十一代傳承人，自幼隨父學家傳拳理拳法，1959年冬隨族叔陳克忠學家傳太極單刀、雙刀等器械。對家傳《陳氏太極拳圖說》及《太極拳圖畫講義》的精要和太極拳發展史均有獨到的見解。熱心太極拳公益事業，傾心致力於家傳太極拳的研究、普及與傳播。

現任陝西省武術協會委員，焦作市太極拳協會理事，溫縣太極拳研究發展中心顧問，陳鑫太極拳法研究推廣中心顧問，尚武太極拳館名譽館長，西安陳氏太極拳輔導站名譽站長。

1963年，從溫縣入伍。1970年轉業到陝西省政府辦公廳直至退休。工作之餘對家傳絕學愛不釋手，在自練自悟、強身健體的同時，亦義務傳授家學從不間斷。

1984年，協助族姐陳立清創辦西安翠華武術館，並任理事、副館長。

1988年，協助父親陳紹棟（1901–1995《陳氏太極拳圖說》「參訂者」）回憶家傳太極拳發展史，立志傾心對陳家溝的歷史文化進行全方位挖掘、搜集、研究、整理。

1990年，向陳家溝陳氏家族理事會建議，倡導陳氏後裔集資重修「陳氏宗祠」，在陳來定、陳一華、陳立法等人的努力下於1998年建成，即現在的太極拳祖祠。

1991年，針對當時有關太極拳源流問題出現的種種奇談怪論，與父親共同撰寫《關於太極拳源流的新說法》論文，詳見1992年《武林》雜誌第135期。

1992年，為溫縣地方誌《太極拳》編委負責人程齊、趙乾傑提供20份歷代太極宗師簡歷，同時與陳軍共同撰寫《九話太極拳》。

1992年8月，在首屆國際太極拳年會上倡導，開展研究、搶救、恢復太極拳歷史文化、文物的意見，得到了全體與會同仁的贊許。

1993年，向國家出版總署和陝西省版權局申報《陳氏太極拳圖說》的版權歸屬問題。經國家出版總署協同陝西省版權局依據《著作權法》認定，《陳氏太極拳圖說》為其祖孫三代共同完成的合作作品。對家傳《陳氏太極拳圖說》的知識產權進行有效的保護。

1993年，為「太極拳」始祖陳王廷、清「武節將軍」陳仲甡、陳季甡複製畫像三幀。其中，陳王廷畫像交付陳氏家族理事會收藏。

1994年，針對當時個別學風不正的奇談怪論，與唐少鵬、杜修鴻教授共同撰寫《陳氏太極拳圖說與陳鑫、兼與于志鈞先生商榷》的論文，受到太極拳界同道的高度評價。詳見《武當》雜誌1994年第10期。該論文獲國際太極拳年會優秀論文一等獎。

1994年10月探親之際，在陳家溝村南黃河灘橋下發現清乾隆時期因力鬥瘋牛而聞名於世的太極拳宗師陳公兆及其父陳爵、伯父陳廉等九通墓碑。其中陳廉、陳爵的碑陰刻有陳家溝陳氏族人由明初至道光時期的陳氏族譜，歷史價值極其珍貴。當即對這些文物進行保護和搶救，之後歷經九次申請，幾經周折，終於在2005年將這些珍貴文物重新安放在陳家溝歷史名人陵園。2007年中國文聯組織國家級十二名專家院士，對太極拳發源地陳家溝考察時，對這些文物給予了高度評價。

1995年，為陳家溝歷代宗師、太極拳名家複製畫像20餘幀。2007年被溫縣文化局收藏。

1996年，為清「武節將軍」陳仲甡、陳季甡複製御賜「武節將軍」牌匾兩個，現存陳家溝武術學校。

1996年，國際太極拳年會授予陳東山「太極拳名師」稱號。

1997–1998年，為太極拳名家陳有本、陳仲甡、陳季甡、陳鑫、陳椿元、陳紹棟分別修建功德紀念碑並撰寫碑文。同時在陳家溝舉辦紀念陳鑫誕辰150周年紀念活動。

1999年，春節期間與族姐陳立清共同策畫，並組織西安翠華武術館開展尊師重道教育，為太極拳始祖陳王廷集資修建功德紀念碑，同時與趙乾傑、張炳秀共同撰寫碑文。當時石家莊馬虹先生巧遇，當場表示支持並參與，於正月十五集資結束，清明節陳王廷「太極拳始祖」紀念碑落成。從而引起國家及地方各級政府有關領導人的高度重視，自此逐年加大開發陳家溝的投資力度：1999年首次向陳家溝投資70萬元，修建碑廊保護這些文物；2000年投資150萬元，擴建太極拳祖祠；2003年投資1000多萬元，在陳家溝修建「中國太極拳博物館」，在制訂長遠規畫的同時將陳家溝列入河南省旅遊景區供世人參觀。新洛、連霍兩條高速公路皆有陳家溝的方向路標，省級公路皆可通達陳家溝，為太極拳愛好者尋根問祖和旅遊者提供了方便。

2000年，與杜修鴻教授共同撰寫了《太極拳發展的哲學思考》、《陳王廷與中國太極拳》兩篇論文，分別獲得國際太極拳年會優秀論文一等獎。

2001年，撰寫《武當趙堡太極拳源流演變考》論文，獲國際太極拳年會優秀論文一等獎。

2003年，與杜修鴻教授共同撰寫《太極拳焦點辯證考》論文詳見《中華武術》雜誌2003年第1–2期連載，被國際太極拳年會評為優秀論文一等獎。

2004—2005年，與侄子陳向武共同出資為陳家溝歷史名人陳廉、陳爵、陳公兆、陳有本、陳仲甡、陳季甡、陳淼、陳垚、陳森、陳焱、陳鑫、陳椿元、陳紹棟等修建墓碑、功德碑。同時倡導陳氏名門宗師後裔及其弟子分別為其恩師修建功德紀念碑。陳家溝名人陵園在陳東山引領下，完全依靠群眾力量修建而成，現在陳家溝名人陵園現有歷代宗師功德紀念碑30餘通，初具規模，已經成為一道亮麗的旅遊景點。

2006年，針對「杜育萬述蔣發受山西師傳歌訣」等有關內容，先後發表《杜育萬附文經過》（詳見《陳氏太極拳圖說》珍藏版再版說明），和《杜育萬應屬陳氏太極拳再傳弟子、兼致李師融先生》（詳見太極拳網），受到有關專家學者的高度評價。

2005—2006年，將《陳氏太極拳圖說》原版本進行段句點校，改繁體字為簡體字，豎排版為橫排版，為廣大太極拳愛好者研習太極拳理論提供極大的方便。

2007年3月，應邀參加中國文聯組織的專家組，參與對中國太極拳發源地的考察工作。在考察期間，十二名專家院士對上述歷史文化、文物的作用與佐證給予充分的肯定和極高的評價。

2007年5月被評為中國民間文藝家協會會員。

2007年10月，撰寫《略談陳氏太極拳小架之特點》（詳見2008年《中華武術》雜誌）。

2008年，發起並組織在西安舉辦紀念陳鑫誕辰160周年大型紀念活動，同時主編發行了《陳氏太極拳小架發展與傳承》大型畫冊，全國二十多個省市500餘人與會，受到武林同道的極高讚譽。

2008—2009年，在陳鑫誕辰160周年之際，終將被稱遺失而後又重新面世的《太極拳圖畫講義》書稿搜集、整理齊備，並在趙乾傑、孟玉潔先生的協助下，斷句、點校，歷經五審刊發於世。

2009年，被中國河南國際太極拳文化研究會授予「國際太極拳文化傳播大使」榮譽稱號，其事蹟載入《太極拳人物志》和《太極拳優秀人才庫》。

2010年被評為「中華太極拳代表性傳承人」。

2010年7月，代表陝西省政府機關參加陝西省老年武術邀請賽，榮獲陝西省老年太極拳傳統項目集體金獎。

2010年9月，參加陝西省武協與河北永年太極拳協會聯合舉辦的太極拳邀請賽，並發表題為《簡述太極與太極拳》的論文。

2005—2010年，應邀在北京、北戴河、河南開封、焦作、洛陽、廣東等地傳授家傳拳法與理法，所到之處皆義務傳授。熱心公益事業，傾心致力於弘揚陳氏太極拳法。

2010—2011年，與侄向武共同撰寫《陳鑫太極拳法圖解》，並錄製教學光盤出版發行。

陳向武履歷

陳向武，1970年出生於河南溫縣陳家溝太極拳世家，1989年高中畢業。現為：國家武術一級裁判、國家武術六段、河南省一級拳師、陳鑫太極拳法研究推廣中心主任、汕頭市武術協會副會長、汕頭市太極拳研究會副會長、汕頭市尚武太極拳館館長兼總教練及汕頭市太極拳總教練。

1981年，獲全國青少年武術比賽傳統拳冠軍，短器械第二名。

1987年，獲溫縣太極拳、械散手比賽拳術冠軍，短器械第三名。推手56公斤級冠軍。

1989年，任陳家溝武術學校教練。

1989年，獲河南省太極拳、械、散手賽全能冠軍。

1990年，5月應邀在遼寧本溪傳授太極拳。

1990年，9月應邀在江蘇南京傳授太極拳。

1990年，獲河南省全運會拳術第二名，槍術第三名。

1991年，應邀在福建漳州傳授太極拳。

1991年，在「首屆國際太極拳年會」獲三項表演優秀獎。

1992年，在陳家溝武術館任教。獲第二屆國際太極拳年會推手56公斤級冠軍，拳術第二名。

1992年，在廣東汕頭創辦「尚武太極拳培訓基地」，及「尚武太極拳館」。

1997年，被列入《太極拳百名拳師錄》。

1998年，國家武術管理中心首批授予陳向武武術6段稱號。同年考取國家一級武術裁判。

1999年，被列入《中國民間武術家名典》。

1999年7月，出版《陳氏太極拳、械、技擊精選》VCD光碟。

2001年，創編「太極內氣養生功十三式」和陳氏太極拳32式「冠軍套路」分別適應中老年和青少年普及推廣。

2001年12月，帶隊參加「珠海國際太極拳交流大會」奪得8金、10銀、8銅成績，被汕頭電視臺、汕頭日報、汕頭都市報、特區晚報報導。

2002年8月，帶隊參加「中國焦作國際太極拳年會」，獲一等獎9名，二等獎3名。

2003年7月，拍攝出版陳氏太極拳、械、推手技擊等16套教學影視VCD光碟。

2003年10月，任「汕頭市太極拳研究會」理事長。

2004年4月，被「汕頭市武術協會「聘請為太極拳總教練。

2004年5月，組織學生400名，參加「國際太極拳月」大型交流會。

2004年5月，率運動員代表廣東省參加「全國武術太極拳錦標賽」，任領隊兼教練。基地運動員奪得陳氏太極拳傳統項目冠軍和集體項目第四名。

2004年8月，帶隊參加「廣東省傳統武術錦標賽」，奪得單項一等獎11個，集體項目一等獎2個。

2004年9月，帶隊參加「廣東省演武大會」，尚武太極拳館獲得集體項目金獎。奪得個人金獎24個，銀獎14個，所有參賽運動員同時晉級中國武術五段。

2004年9月，參加廣東省組織的慶國慶太極拳交流活動，尚武太極拳館分別獲得男子組、女子組兩項集體冠軍。

2005年5月，參加「潮、深、港、澳武術交流大賽」，任大賽競賽部主任。

2005年9月，被選為「汕頭市太極拳研究會」

副會長兼秘書長。

2005年9月，在澄海成立「尚武太極拳館澄海分館」，李育州任館長。

2005年10月，帶隊參加「汕頭市首屆太極拳交流賽」，尚武太極拳培訓基地派6個代表隊，87個運動員參加30多個項目，其中獲得5個集體項目金獎、一個銀獎，單項金獎150個。

2006年6月，在潮陽成立「尚武太極拳館潮陽分館」，林耿真任館長。

2006年9月，帶隊參加「七彩花都杯全國太極拳錦標賽」，奪得男子傳統套路項目第四名。

2007年1月，在「汕頭市首屆武術交流大會」任組委會組長。

2007年1月，被汕頭市武協評為「一級武師」。

2007年7月，「廣東省傳統武術錦標賽」在汕頭市舉行，陳向武擔任委員兼技術監督組副主任。「尚武太極拳館」派出4個隊共80多名運動員參賽，奪得金牌38枚，銀牌59枚，奪得集體項目金獎三個，銀獎一個，賽後被汕頭都市報報導。

2007年10月，「粵東、深、港、澳武術大賽」任副總裁判長兼太極推手裁判長。

2008年4月，應汕頭體育局邀請參加中央電視臺「蒙牛城市之間」（中央五台）開幕式表演。

2008年4月，汕頭市「尚武太極拳館」參加奧運火炬傳遞表演，被汕頭電視臺「潮汕風」欄目組專題採訪。

2008年5月，「奧運火炬」至汕頭傳遞，尚武太極館組織208名學生參加迎火炬表演。

2008年8月，廣東省傳統武術錦標賽上，任技術監督副主任。尚武太極館派5支代表隊，在本次比賽中共奪得金牌56枚，銀牌17枚，集體項目金杯三個。

2008年8月，協助叔父陳東山在西安舉辦「紀念陳鑫誕160周年大型活動」，並代表陳鑫後裔講話，同時發行《陳氏太極拳小架傳承與發展》大型畫冊，任副主編。

2008年10月，「尚武太極拳分館榕江分館」成立。

2008年10月，「尚武太極拳館」組隊參加「首屆潮汕國際太極拳邀請賽」。任競賽部主任。此次比賽中奪得金牌32枚、銀牌4枚。

2009年5月，國家二級武術裁判培訓班在汕頭舉辦，陳向武任主講，並出考評試卷及兼考。

2009年5月，在山東濰坊成立「尚武太極拳館分館」，李全民任館長。

2009年8月，組織學員參加中國太極網工程，眾弟子入網。

2009年8月，帶隊並參加由中國人民對外友好協會，與河南省人民政府外事僑務辦公室聯合主辦的「中國河南國際太極拳文化研討會」，被授予「國際太極文化傳播大使」榮譽稱號，「尚武太極拳館」11人榮譽入選「國際太極文化傳播大使」。

2009年12月，在潮州市成立「尚武太極拳館潮安分館」，劉敬偉任館長。

2010年6月，應溫縣文化廣電新聞出版局之邀，代表陳家溝小架太極拳參加山西省舉辦的「太極拳名家表演」並榮獲「太極拳名家」稱號。

2010年10月，與叔父陳東山一齊在河南溫縣陳家溝接受中央電視臺專訪。

2010年12月，率學員、弟子三百餘人，參加「庚寅年祭祀陳門歷代太極拳先師暨太極文化交流活動」。

2010年，《太極拳人物志》由中國文史出版社出版發行，其任副主編。

2010年12月，與叔父陳東山在廣東汕頭編撰《陳鑫太極拳法圖解》一書，並拍攝《陳鑫太極拳法》教學光碟附書出版發行。

陳氏太極拳世系傳遞表

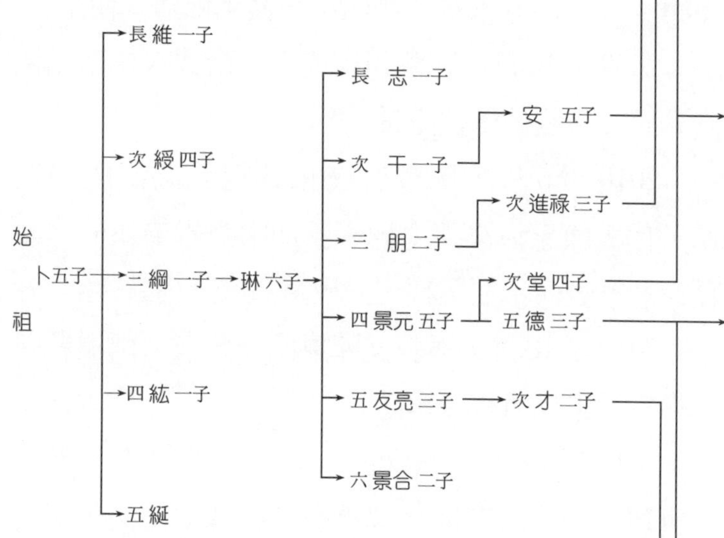
始祖
卜五子
長維一子
次綬四子
三綱一子
四紘一子
五綎
琳六子
長志一子
次干一子
三朋二子
四景元五子
五友亮三子
六景合二子
安五子
次進祿三子
次堂四子
五德三子
次才二子

次居讓 一子 → 思福 一子 → 可帝 二子 → 次忠國 三子 → 次紀 四子 →

長萬言 二子 → 次思敬 一子 → 次經業 三子 → 長于佐 四子 → 長文士 五子 →

次宗禮 三子 →
- 長思奇 一子 → 守身 四子 →
  - 長我讀 三子 → 三汝信 三子 →
  - 次我講 九子 → 九熙 三子 →
- 次思孔 三子 →
  - 長守業 二子 → 次達表 一子 → 寬 二子 →
  - 次守權 二子 → 次承表 三子 → 凱 一子 →
- 三思懷 三子 → 次守良 一子 → 我志 四子 → 三汝利 一子 →

四宗儒 一子 → 思責 三子 → 長撫民 二子 →
- 長于階 三子 → 次汝明 四子 →
- 次王廷 三子 →
  - 長汝為 一子
  - 次汝弼 四子 →
  - 三汝聞 二子
- 三王前 二子 → 次庚 二子 →

長尚賢 四子 → 四思順 五子 → 五五明 三子 → 三紵 二子 → 次所義 二子 →

三尚相 四子 →
- 長思齊 四子 → 三起色 三子 → 長觀光 一子 → 所樂 三子 →
- 次思楚 三子 → 長起風 二子 → 長生春 二子 →
  - 長愚諫 四子 →
  - 次愚議 六子 →
- 三思君 二子 → 長曰堯 五子 → 五之瑚 一子 → 所能 一子 →

長秉性 四子 →
- 長思明 二子 → 長可賓 二子 → 長治國 二子 →
  - 長文舉 一子 →
  - 次文科 一子 →
- 三思哲 二子 → 長起秀 八子 →
  - 五佐國 三子 → 次文元 二子 →
  - 七翼國 三子 → 長文生 四子 →

→ 長文 一子 → 萬鑒 一子 → 廷謨 二子 → 次遇 二子 →
→ 五宏章 一子 → 大印 二子 → 次元漢 一子 → 永昌 七子 →
大鯤 二子 → 長善通 二子 → 次秉奇 一子
大鵬 二子 → 次善志 二子 → 長秉壬 三子
次秉旺 二子 → 長長興 五子 →
次長惠 三子 →
→ 達緒 一子 → 繼夏
→ 得君 一子 → 繼美 二子 → 次興邦 三子 → 三英儒 一子 →
→ 九祿 三子 → 繼璜 三子 → 次林邦 四子 → 四柏儒 二子 →
→ 能緒 一子 → 穎川 三子 → 長超群 二子 → 長錫軫 三子 →
→ 三永緒 四子 → 三玶 一子 → 廷翼 二子 → 長應午 二子 →
長光印 三子
三掌緒 一子 → 子秀 三子 → 長若通 四子 → 四祿 一子 →
四大觀 一子 → 甲第 三子
長維承 二子 → 長繼參 二子 → 長毓英 一子 → 長步蟾 三子 →
次繼可 三子 → 三毓琳 二子 → 次步正 二子 →
次維新 二子 → 長繼明 一子 → 毓錦 二子 → 長步升 三子 →
→ 長直 一子 → 亮祖 一子 → 廷棟 二子 → 次步嶺 二子 →
長嵩 一子 → 月桂 一子 → 夷 一子 →
長恂如 六子 → 四溥 三子 → 三月照 一子 → 坤
次申如 三子 → 六橋 一子 → 月宮 二子 → 長實 一子 →
三煥如 三子 → 謹 一子 → 永兆 一子 → 有孚
四正如 四子 → 長廉 三子 → 次耀兆 二子
長有恒 二子 →
次爵 一子 → 公兆 二子
次有本 一子 →
長福 三子 → 三瑞兆 五子 → 五有常 一子 →
→ 長相如 三子 → 次有倫 二子 →
次祿 三子 → 次吉兆 一子 → 有經 一子 →
→ 國仁 四子 → 四建名 三子 → 長位乾 三子 → 樹奎 一子 →
長瑆 二子（字敬柏） → 長遇春
→ 來朝 四子 → 次得春 二子 → 次祿 三子 →
三瓚 一子 → 萬春 一子 → 元會
→ 來吉 一子 → 世欣 二子 → 次大興
→ 捷 一子 → 王佐 二子 → 次桂 一子 → 長永和 二子 →
→ 長紛 二子 → 世興 二子 → 長吉士 一子 → 龍圖 二子 →

→次印堂一子 → 五美二子 → 田科
三花桂一子 → 長五常一子 → 繩武四子 → 次尚孝一子
六花梅二子 → 次五典 → 連科三子 → 三照池二子
→四耕耘二子 → 長延年三子 → 登科四子 → 次照丕二子
→三恒吉四子 → 次延熙四子 → 發科三子 → 四照海一子
→懷遠一子 → 長延祿二子 → 寶璩 → 次照旭三子
→次懷清二子 → 學文一子 → 三照奎一子
→長清平二子 → 長河陽一子 → 鈞一子
→次漢陽一子 → 堃一子
長德梅三子 → 次綉文一子　喜猶二子 → 次伯祥二子
→德成二子 → 長復元三子 → 次子明嗣子 → 文敏一子
→次本鈞二子 → 次慶禧二子 → 長克第二子
→次德璜三子　次棨曾四子 → 次克忠一子
→次德彪二子 → 次本思三子 → 三繩曾三子 → 三秉密三子
→長棨　二子 → 長之禎五子 → 三省三四子 → 次鴻恩一子
→棲　一子 → 之彥一子 → 銘三四子 → 四鴻烈
→夢雄二子 → 長守章一子 → 爵侯二子 → 次博愛二子
→長荊山四子 → 四以溫二子
→夢齡二子 → 長樹之三子 → 三浮三 → 長金綬
→長垚　三子 → 長雪元二子 → 次金印
長伯牲 → 次焱　一子 → 次松元一子 → 長金鼇
次仲牲三子 → 三鑫　嗣子 → 三上元二子 → 次金榜二子
三季牲二子 → 椿元嗣子 → 紹棟二子
→敬牲 → 長淼　一子　貴元一子 → 紹沛
→曉山二子 → 長梅元一子 → 紹棣
→連山二子 → 次森　三子 → 次槐元一子 → 紹棟二子
→衡山一子 → 三椿元
→維寅二子 → 德祿三子 → 三守禮一子
次清蘭三子
三清芳三子

長三畏一子 → 應芳三子 → 仲立三子 → 三友竹一子
次三德一子 → 心蘭一子
→長其嵩一子 → 帝錫二子 → 長豐聚

陳氏太極拳師承傳遞表

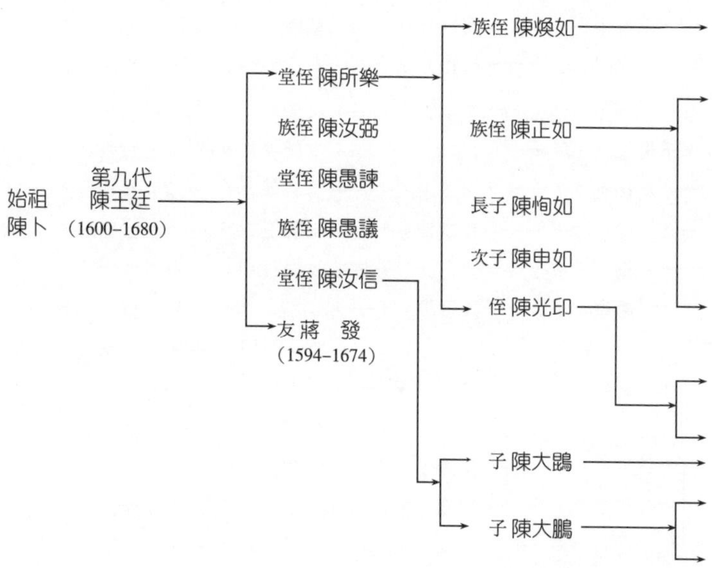

說明：

1. 本表依據河南體育文史資料第一輯、溫縣陳鑫著《陳氏家乘》和陳家溝太極拳學校所編《陳氏太極拳》、近年來陳立清、陳東山所搜集的零星資料補充而成。
2. 陳耕耘先學於父，後學於陳有本。
3. 李景延先學於陳有倫，兼師陳中甡，後學於陳清平。
4. 武禹襄先學於楊祿禪，後學於陳清平。
5. 陳銘標先生近代在舊金山授徒甚廣，其徒未例入本表。
6. 此表僅限於陳氏十八世於1930年出生的拳師。

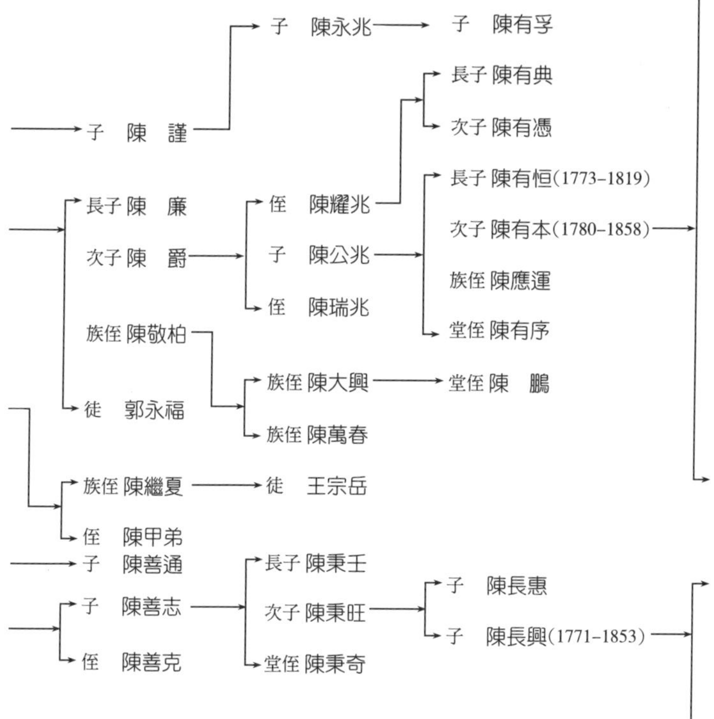
子 陳永兆
子 陳有孚
長子 陳有典
子 陳謹
次子 陳有憑
長子 陳有恒(1773–1819)
長子 陳廉
侄 陳耀兆
次子 陳有本(1780–1858)
次子 陳爵
子 陳公兆
族侄 陳應運
侄 陳瑞兆
族侄 陳敬柏
堂侄 陳有序
族侄 陳大興
堂侄 陳鵬
徒 郭永福
族侄 陳萬春
族侄 陳繼夏
徒 王宗岳
侄 陳甲弟
子 陳善通
長子 陳秉壬
子 陳長惠
子 陳善志
次子 陳秉旺
子 陳長興(1771–1853)
侄 陳善克
堂侄 陳秉奇

子 陳敬牲（1818–1894）
侄 陳伯牲
侄 陳仲牲（1809–1871）
侄 陳季牲（1809–1865）
族侄 陳懷遠
族侄 陳懷清
族侄 陳衡山
徒 陳奉章
族弟 陳有綸
族叔 陳廷棟
族侄 陳清平（1795–1868）
族侄 陳三德

長子 陳垚（1837–1916）
次子 陳焱（1847–1918）
三子 陳鑫（1849–1929）
侄 陳淼（1834–1868）
侄 陳森（1843–1926）
族侄 陳復元
族侄 陳同
徒 任長春（1839–1910）
侄孫 陳豐聚
族孫 陳爵侯
族孫 陳慶禧

徒 張大洪
徒 李景延（1825–1898）
創立陳式忽雷架
長子 陳河陽
徒 和兆元（1810–1890）創立和式
徒 張開
徒 李作智
徒 張罣山
侄 陳應芳
徒 武禹襄（1812–1880）

四子 陳耕耘
族侄 陳花桂
族侄 陳花梅
徒 楊祿禪（1799–1871）
創立楊式太極拳

長子 陳延年
次子 陳延熙（1848–1929）
族孫 陳浮山
子 陳五美
長子 陳五常（1817–1866）
次子 陳五典（1821–1889）

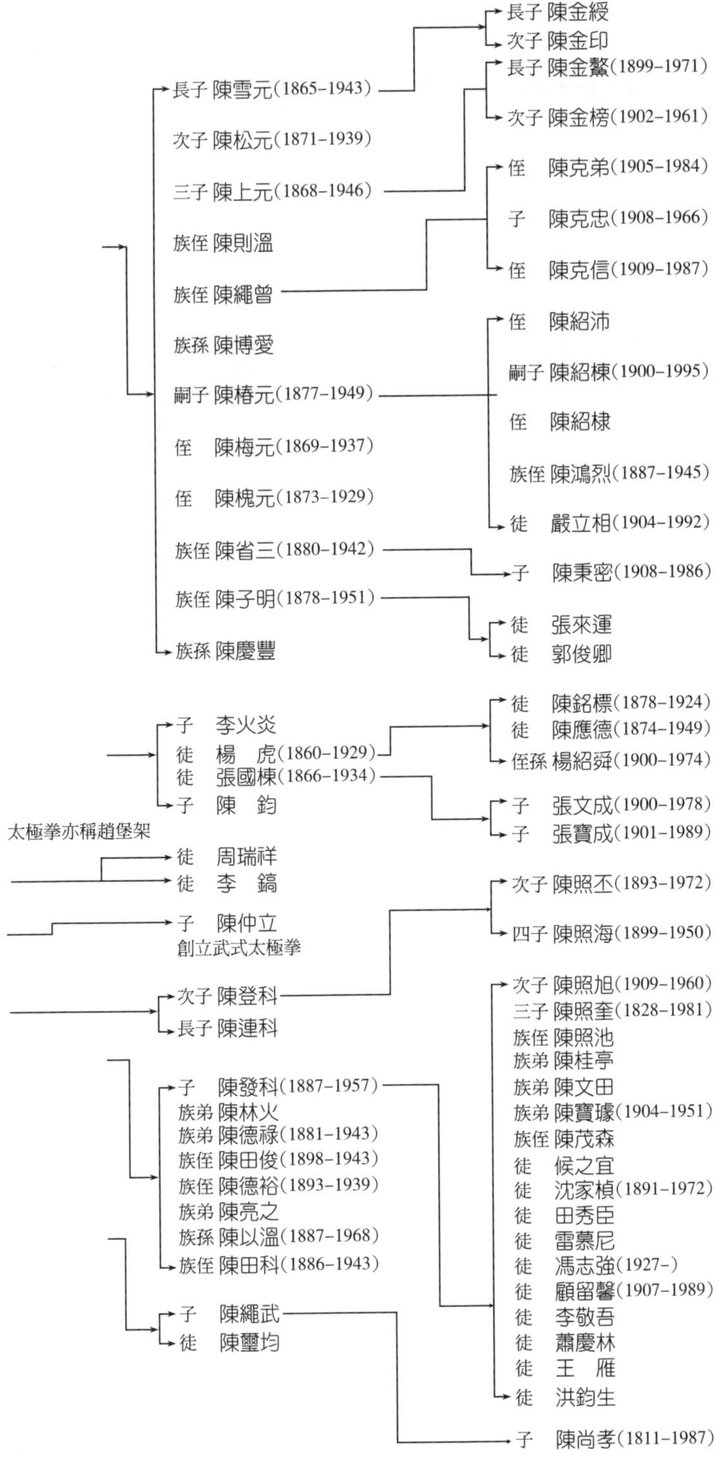
長子 陳雪元(1865–1943)
次子 陳松元(1871–1939)
三子 陳上元(1868–1946)
族侄 陳則溫
族侄 陳繩曾
族孫 陳博愛
嗣子 陳椿元(1877–1949)
侄 陳梅元(1869–1937)
侄 陳槐元(1873–1929)
族侄 陳省三(1880–1942)
族侄 陳子明(1878–1951)
族孫 陳慶豐
長子 陳金綬
次子 陳金印
長子 陳金鰲(1899–1971)
次子 陳金榜(1902–1961)
侄 陳克弟(1905–1984)
子 陳克忠(1908–1966)
侄 陳克信(1909–1987)
侄 陳紹沛
嗣子 陳紹楝(1900–1995)
侄 陳紹棣
族侄 陳鴻烈(1887–1945)
徒 嚴立相(1904–1992)
子 陳秉密(1908–1986)
徒 張來運
徒 郭俊卿
子 李火炎
徒 楊 虎(1860–1929)
徒 張國棟(1866–1934)
子 陳 鈞
徒 陳銘標(1878–1924)
徒 陳應德(1874–1949)
侄孫 楊紹舜(1900–1974)
子 張文成(1900–1978)
子 張寶成(1901–1989)
太極拳亦稱趙堡架
徒 周瑞祥
徒 李 鎬
子 陳仲立
創立武式太極拳
次子 陳照丕(1893–1972)
四子 陳照海(1899–1950)
次子 陳登科
長子 陳連科
次子 陳照旭(1909–1960)
三子 陳照奎(1828–1981)
族侄 陳照池
族弟 陳桂亭
族弟 陳文田
族弟 陳寶璩(1904–1951)
族侄 陳茂森
徒 候之宜
徒 沈家楨(1891–1972)
徒 田秀臣
徒 雷慕尼
徒 馮志強(1927–)
徒 顧留馨(1907–1989)
徒 李敬吾
徒 蕭慶林
徒 王 雁
徒 洪鈞生
子 陳發科(1887–1957)
族弟 陳林火
族弟 陳德祿(1881–1943)
族侄 陳田俊(1898–1943)
族侄 陳德裕(1893–1939)
族弟 陳亮之
族孫 陳以溫(1887–1968)
族侄 陳田科(1886–1943)
子 陳繩武
徒 陳璽均
子 陳尚孝(1811–1987)

太極拳主要流派傳遞系統表

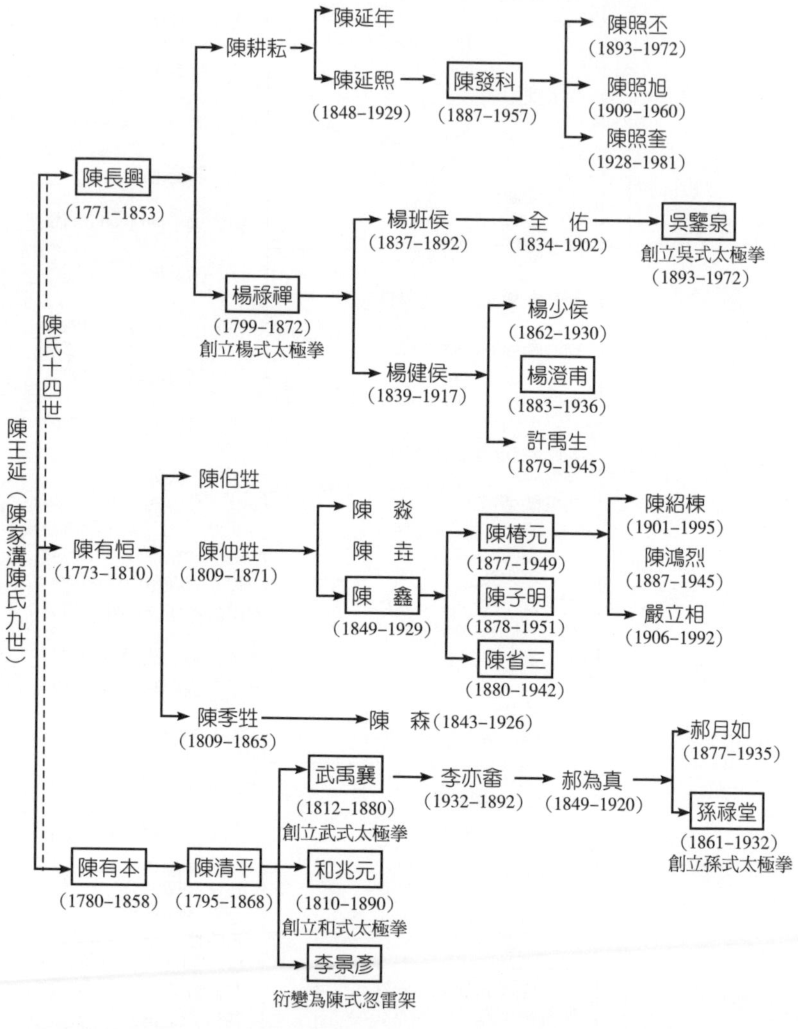

附注：

1. 有方框符號者，為各派系主要代表
2. 各派系傳人頗多，本表不備載
3. 武禹襄初從楊祿禪學，後從陳清平學
4. 陳省三先從陳延熙學大架，後從陳鑫學小架
5. 陳子明先學於父，後學於陳鑫
6. 此表依據唐豪先生的考證為據補充而成

歡迎至本公司購買書籍

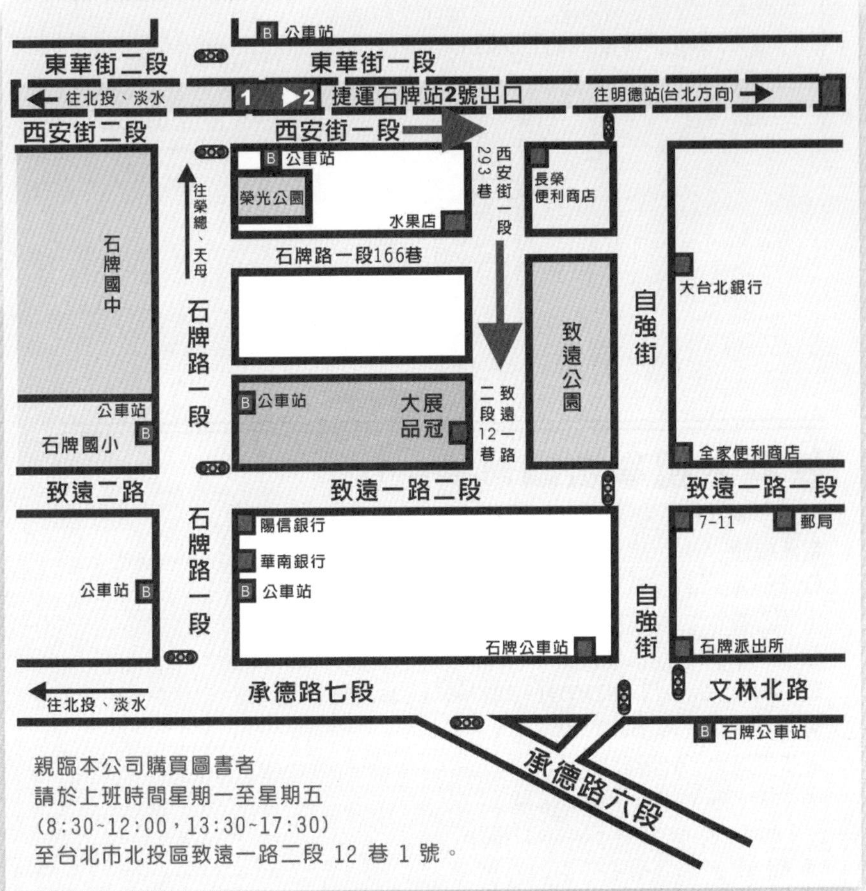

建議路線

1.搭乘捷運・公車

淡水線石牌站下車，由石牌捷運站２號出口出站(出站後靠右邊)，沿著捷運高架往台北方向走(往明德站方向)，其街名為西安街，約走100公尺(勿超過紅綠燈)，由西安街一段293巷進來(巷口有一公車站牌，站名為自強街口)，本公司位於致遠公園對面。搭公車者請於石牌站(石牌派出所)下車，走進自強街，遇致遠路口左轉，右手邊第一條巷子即為本社位置。

2.自行開車或騎車

由承德路接石牌路，看到陽信銀行右轉，此條即為致遠一路二段，在遇到自強街(紅綠燈)前的巷子(致遠公園)左轉，即可看到本公司招牌。

國家圖書館出版品預行編目資料

陳鑫太極拳法圖解 ／ 陳東山　陳向武　著
——初版，——臺北市，大展，2013〔民102.12〕
面；21公分 ——（陳式太極拳；1）
ISBN　978-957-468-990-3（平裝；附數位影音光碟）
1.太極拳
528.972　102020542

陳鑫太極拳法圖解 附 DVD

著　　者／陳 東 山　陳 向 武
責任編輯／王 耀 平
發 行 人／蔡 森 明
出 版 者／大展出版社有限公司
社　　址／台北市北投區（石牌）致遠一路2段12巷1號
電　　話／（02）28236031・28236033・28233123
傳　　眞／（02）28272069
郵政劃撥／01669551
網　　址／www.dah-jaan.com.tw
E-mail／service@dah-jaan.com.tw
登 記 證／局版臺業字第2171號
承 印 者／傳興印刷有限公司
裝　　訂／承安裝訂有限公司
排 版 者／弘益電腦排版有限公司
授 權 者／山西科學技術出版社
初版1刷／2013年（民102年）12月

定 價／350元